Jellouschek/Jellouschek-Otto
Familie werden –
Paar bleiben

Verlag Hans Huber
Sachbuch Psychologie

Hans Jellouschek / Bettina Jellouschek-Otto

Familie werden – Paar bleiben

Wie man einen wichtigen Lebensübergang meistert

Verlag Hans Huber

Dr. Mathilde Fischer, Editionsservice
Herstellung: Jörg Kleine Büning
Bearbeitung: Dr. Mathilde Fischer
Umschlagillustration: Gesine Beran, Turin
Umschlaggestaltung: Gesine Beran, Turin
Druckvorstufe: Claudia Wild, Konstanz
Druck und buchbinderische Verarbeitung: Finidr s. r. o, Česky Těšín
Printed in Czech Republic

Bibliografische Information der Deutschen Nationalbibliothek
Die Deutsche Nationalbibliothek verzeichnet diese Publikation in der Deutschen Nationalbibliografie; detaillierte bibliografische Daten sind im Internet über http://dnb.d-nb.de abrufbar.

Anregungen und Zuschriften bitte an:
Verlag Hans Huber
Lektorat Psychologie
Länggass-Strasse 76
CH-3000 Bern 9
verlag@hanshuber.com
www.verlag-hanshuber.com

1. Auflage 2014

ISBN 978-3-456-85388-8
E-Book 978-3-456-95388-5
E-PUB 978-3-456-75388-2

Inhaltsverzeichnis

Vorwort

Es gibt schon zahlreiche Literatur auf dem Markt, die sich der Desillusionierung von werdenden Eltern widmet. Und wirklich ist es notwendig, diese Zielgruppe darauf vorzubereiten, dass sich die erste Zeit mit dem Kind keineswegs so rosig gestaltet, wie es in den Medien, insbesondere in der Werbung, «verkauft» wird, sondern dem Paar einiges an Energie und Durchhaltevermögen abverlangt wird.

Auch wir wollen in diesem Buch die Realität, wie wir sie aus unterschiedlichen Perspektiven erfahren haben – als Hebamme, als Paartherapeuten, als Eltern und als Partner von jeweils gescheiterten Ehen –, illusionslos ins Visier nehmen. Unser Hauptaugenmerk wird jedoch darauf liegen, deutlich zu machen, dass all die Konflikte und Frustrationen, die zwischen jungen Eltern zum Alltag gehören, anders gesehen und erlebt werden können, nämlich als eine Initiation in ein reiferes Erwachsensein. Etwas Neues entsteht, wird mit schmerzhaften Wehen geboren: die Familie, in der alle Familienmitglieder möglichst optimale Lebens- und Wachstumsbedingungen vorfinden.

Der Sexualtherapeut David Schnarch, den wir noch öfter zitieren werden, drückte dies in einem Interview einmal so aus: «Nicht die Eltern bringen die Kinder auf die Welt – die Kinder bringen ihre Eltern auf die Welt! Durch Kinder bekommen wir die Chance, wirklich erwachsen zu werden.»[1]

All den Paaren, auf die wir uns in diesem Buch berufen durften, möchten wir an dieser Stelle herzlich danken. Sie haben damit einen wichtigen Beitrag geleistet. Bedanken möchten wir uns auch beim Verlag Hans Huber und unserer Lektorin, Frau Dr. Mathilde Fischer, die das Entstehen dieses Buches auf eine sehr hilfreiche Weise begleitet hat.

Ammerbuch, im März 2014

Hans Jellouschek
Bettina Jellouschek-Otto

1. Kapitel: Krisen und Übergänge im Leben des Paares

Kinder, die in der heutigen Zeit geboren werden, sind in aller Regel erwünschte Kinder. In Zeiten, als eine Geburtenregelung noch eine sehr unsichere Angelegenheit war, war dies wohl in vielen Fällen anders. Insofern sprechen wir mit Recht bei einer Geburt von einem «freudigen Ereignis». Aber wie schnell und unvorhergesehen das «freudige Ereignis» der Geburt, jedenfalls der Geburt des ersten Kindes, zu einer erheblichen Krise werden kann, wurde uns an der folgenden Erfahrung aus einer Paartherapie deutlich:

Jonas und Mara (in diesem und allen folgenden Fallbeispielen haben wir die Namen zum Schutz unserer Klienten geändert) hatten schon in der Schwangerschaft an einigen Paartherapie-Sitzungen teilgenommen, um sich auf die Zeit nach der Geburt vorzubereiten. Zuversichtlich hatten sie der Geburt entgegengesehen. Nun kamen sie zum ersten Mal – vier Wochen danach – wieder zum vereinbarten Termin. Und beide waren ziemlich aufgebracht! Nichts von dem, was sie sich vorgenommen hatten, funktionierte. Aus Maras Sicht zog sich Jonas viel zu oft aus der Verantwortung für den kleinen Samuel und hatte mit seinen Korrekturarbeiten als Lehrer immer eine gute Ausrede. Aus Sicht von Jonas war Mara viel zu perfektionistisch, sie wusste immer alles besser.

Selbst im Therapieraum war es hauptsächlich Mara, die das unruhige Baby permanent herumtrug und alle Angebote von Jonas abwies, ihr den Kleinen auch einmal abzunehmen. Erst allmählich konnte die Therapeutin das Gespräch darauf lenken, was die beiden in den vergangenen Wochen alles miteinander Großartiges an Neuem erlebt hatten und auch an Umstellung, an individuellem und gemeinsamem Einsatz geleistet hatten. Als dadurch ein wenig Ruhe einkehrte, erklärte sie ihnen:
«Was Sie beide jetzt gerade erleben, ist normal! Es gehört zu diesem Übergang vom Paar zur Familie dazu. Und es ist auch gut, dass Sie mit Ihren Bedürfnissen nicht hinterm Berg halten. Sie werden nun miteinander immer wieder aushandeln müssen, wie sie diese aufeinander abstimmen, und das wird in den nächsten Monaten für Ihre Beziehung entscheidend sein. Im Geburtsvorbereitungskurs hat man Ihnen ja auch nicht gesagt: Wenn Sie alles, was Sie hier lernen, beherzigen, dann wird die Geburt nicht schmerzhaft sein, oder? Die Hebamme hat versucht, Sie auf den Schmerz vorzubereiten. Und schon das macht ihn besser erträglich.»

Schmerz ist besser zu ertragen, wenn er einen Sinn bekommt. Diesen Sinn in seinen unterschiedlichen Facetten auch in allen Schwierigkeiten der ersten Zeit des Eltern-Werdens zu finden, das wird auch Thema der folgenden Kapitel sein. Ein erster Schritt wird sein, den kritischen Übergang vom Paar zur Familie zunächst in einen größeren Zusammenhang zu stellen – und herauszuarbeiten, dass Krisen in Lebensübergängen der Partner etwas Normales, ja Notwendiges sind, damit es nicht zu Stagnation und Erstarrung kommt.

Der Lebenszyklus des Paares

Wenn ein Kind geboren wird, verändert sich die Lebenssituation des Paares von Grund auf. Ein völlig neuer Lebensabschnitt beginnt. Doch das ist nicht der einzige Übergang, den es im Leben des Paares zu bewältigen gilt.

Unser Leben, auch unser Zusammenleben als Paar, ist gekennzeichnet von – mehr oder weniger einschneidenden – Übergängen. Ohne solche Übergänge gäbe es keine Entwicklung, und ohne Entwicklung würde unser Leben erstarren. Bevor wir deshalb auf die spezielle Situation des Paares im Übergang zur Elternschaft eingehen, wollen wir uns dieses *allgemeine* Gesetz des Lebens und des Zusammenlebens von Paaren anschauen. Folgendes Modell, das freilich nicht in allen Einzelheiten jedem Paar entspricht, gibt gute Orientierung über die Gesetzmäßigkeiten der Entwicklung von Paaren über die Lebenszeit hin.

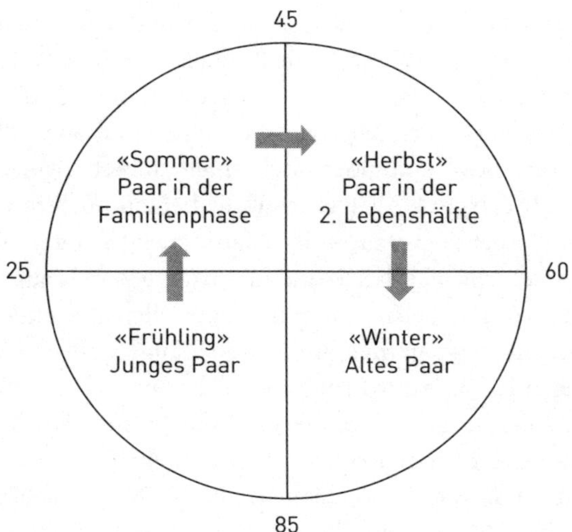

Abb. 1 Modell eines Paar-Lebenszyklus: Die «Jahreszeiten» der Liebe

Wir unterscheiden nach diesem Modell vier Hauptphasen in der Entwicklung des Paares, sozusagen die «vier Jahreszeiten der Liebe»: den «Frühling», die Phase des jungen, verliebten Paares, den «Sommer», die Familienphase, den «Herbst», die Phase des Paares in der zweiten Lebenshälfte, und den «Winter», die Altersphase. Natürlich lassen sich diese Phasen nicht so streng voneinander abgrenzen, wie diese Einteilung es nahelegt. Denn – hoffentlich! – wird von der Liebe des Anfangs auch noch etwas in den weiteren Phasen fortbestehen, und die zweite Lebenshälfte des Paares ist ja am Übergang in die Altersphase noch nicht zu Ende. Die Übergänge sind im konkreten Leben fließender. «Familien»-Phase ist außerdem oft nicht im strengen, sondern in einem «weiteren» Sinn zu verstehen: Es ist die Zeit, wenn sich das Paar entschlossen hat, das Leben gemeinsam zu verbringen und auch den Alltag miteinander zu teilen, ob mit oder ohne Kinder. Es ist auch die Zeit, in der ein Elternteil allein mit dem Neugeborenen lebt, weil die beiden miteinander kein Paar sein wollen oder können.

Das vorgeschlagene Modell passt allerdings bei weitem nicht auf alle Arten von Paaren, zum Beispiel nicht auf Patchwork-Paare, bei denen – um nur ein Beispiel zu nennen – der Mann Kinder aus der ersten Ehe hat, die schon groß sind, die sehr viel jüngere neue Frau aber noch einen starken eigenen Kinderwunsch verspürt. Als Paar sind die beiden noch in der ersten, der Verliebtheitsphase, der Mann aber befindet sich mit seiner Geschichte zusätzlich und gleichzeitig bereits auch in der Phase der zweiten Lebenshälfte und hat vielleicht «von Kindern genug»... Auch wenn man unser Modell hier nicht eins zu eins übertragen kann, ermöglicht es auch in «abweichenden» Paar-Situationen eine gute Orientierung, um lebenszyklusbedingte Probleme zu erkennen und besser zu verstehen.

Wofür ist dieses Modell außerdem hilfreich? Es macht uns die wesentlichen Übergänge, die ein Paar in seinem Zusammenleben zu bewältigen hat, deutlich. Da ist zunächst der Übergang vom verliebten Paar zum Paar, das auch den Alltag miteinander teilen wird (oft besiegelt durch eine formelle Eheschließung) und sich entscheidet, Kinder zu haben. Dieser Übergang wird uns in diesem Buch ausführlich beschäftigen. Dann folgt der Übergang in die zweite Lebenshälfte des Paares, oft auch «Nach-Familien-Phase» genannt, nicht weil die Kinder keine, sondern weil sie nicht mehr eine so zentrale Rolle spielen und weil das Paar sich oft in dieser Phase als Paar wieder neu finden muss. Schließlich der Übergang in die Altersphase, der oft angezeigt wird durch den Beginn des beruflichen Ruhestands des einen oder beider Partner und der das Paar noch stärker wieder aufeinander verweist, nicht zuletzt durch die allmählich einsetzenden physischen und geistigen Einschränkungen, die in den Lebensvollzug integriert werden wollen.

Die Lebensübergänge, die wir bisher genannt haben, sind wie Brücken in ein Land jenseits eines Tales oder Flusses, ein neues Land. Wir freuen uns meist auf das, was wir dort drüben haben werden, weil es uns bisher gefehlt hat: als junges Paar miteinander ein Kind zu bekommen oder in der Nach-Familien-Phase wieder mehr den eigenen Rhythmus zu leben und Eigenständigkeit pflegen zu können; oder auch in der Zeit des Ruhestands den Zwängen des Arbeitslebens entronnen zu sein und nun Zeit für Reisen und Genuss zu haben. Gleichzeitig bringen es solche Brücken-Überschreitungen aber auch mit sich, dass wir bekanntes Terrain verlassen, also liebgewordene Gewohnheiten aufgeben und bewährte Verhaltensweisen verändern müssen. Wir müssen uns dem Neuen öffnen, das vielleicht ganz anders daherkommt, als wir es erwartet haben. Das ist oft nicht leicht zu bewältigen.

In der Lebenszyklus-Forschung spricht man von «kritischen Lebensübergängen». Diese werden oft eingeleitet oder begleitet von typischen Einzel-Ereignissen, wie zum Beispiel der Geburt eines Kindes, dem Auszug der Kinder oder dem Beginn des Ruhestandes. Man spricht hier auch von «kritischen

Lebensereignissen», die es bei solchen Übergängen zu bewältigen gilt.

Außerdem wird hier zwischen *vorhersehbaren* und *unvorhersehbaren* kritischen Lebensereignissen unterschieden. Diese Unterscheidung von vorhersehbaren und nicht vorhersehbaren kritischen Lebensereignissen hat praktische Bedeutung: In aller Regel werden die vorhersehbaren Ereignisse im Denken und Reden des Paares bereits vorweggenommen. Man spricht darüber, man denkt für sich und gemeinsam darüber nach, was nötig sein wird, wie man sich verhalten wird, welche Maßnahmen jetzt schon getroffen werden können. Manche von diesen vorhersehbaren kritischen Lebensereignissen werden auch mit Ritualen vollzogen oder von solchen begleitet, wie zum Beispiel die Eheschließung mit der Hochzeit bzw. einem Freudenfest mit Freunden und Verwandten oder der Beginn des Ruhestands mit einer Verabschiedung durch die Firma. Das erleichtert zwar die Bewältigung in aller Regel, jedoch kann diese immer noch recht schwierig werden, wie besonders im Fall des Übergangs vom Paar zur Familie. Wie Forschungen zeigen, erleben Paare, auch wenn sie sich eingehend darauf vorbereitet und viel über die anstehenden Veränderungen gesprochen haben, die neue Situation mit dem kleinen Kind phasenweise als sehr stressvoll und belastend, weil sich auch vorhersehbare Veränderungen in ihrer Wirkung nie ganz realistisch einschätzen lassen.

Dazu kommt, dass auch die Reaktionen der Umwelt eine Rolle spielen können. Bei nicht vorhersehbaren kritischen Lebensereignissen, wie zum Beispiel der Krebserkrankung eines Partners, wird ein Paar sich eher vom Mitgefühl der Umwelt getragen fühlen als beim Eintreten eines vorhersehbaren Ereignisses. Dass die beiden Partner ein Kind bekommen, nachdem sie schon des Öfteren davon gesprochen haben, ruft vielleicht Reaktionen von der Art hervor: «Na, was ist da schon dabei? Das ist doch das Natürlichste von der Welt. Was die Frau jetzt, nachdem das Kind da ist, doch für ein Theater drum macht!» Durch solche Reaktionen von nahestehenden Menschen, auch wenn sie nicht offen ausgesprochen werden, kann sich der empfundene Stress erheblich verstärken, weil sich die Frau dann auch noch Selbstvorwürfe macht, dass sie das nicht «besser schafft».

Trifft zudem beides zusammen, ein vorhersehbares und ein nicht vorhersehbares kritisches Lebensereignis, zum Beispiel wenn das erwünschte Kind auf der Welt ist und sich der Ehemann zu dieser Zeit in eine andere Frau verliebt, dann wird die junge Familie vollends «durcheinandergerüttelt» und das Paar Belastungen ausgesetzt, die es mitunter komplett überfordern.

Stress, Bewältigungsstrategien und Herausforderung zu Entwicklung

Warum ist das so? Als «kritisch» werden Lebensereignisse deshalb genannt, weil sie das Paar mit neuen Situationen und damit neuen Herausforderungen konfrontieren. Das Alte – die eingespielten Verhaltensweisen, auf die man eingestellt ist und von denen man weiß, dass man sie beherrscht – funktioniert nicht mehr. Das setzt Paare *unter Stress*. Stress-Bewältigung ist nun gefragt. Wird das Paar das schaffen, ohne Schaden zu erleiden, ohne sogar daran zu zerbrechen? Oder ist das Paar imstande, neue Bewältigungsstrategien zu entwickeln? Mit dieser Frage sind Paare an jedem kritischen Lebensübergang konfrontiert, ganz stark, wie sich immer wieder zeigt, auch und vor allem beim Übergang vom Paar zur Familie.

Darum ist es berechtigt, dieses «freudige Ereignis», das die Eltern vielleicht sogar heiß ersehnt haben, auch ein «kritisches» zu nennen. Sie müssen – wie wir noch ausführlich darlegen werden – eine ganze Reihe neuer «Bewältigungsstrategien» entwickeln, um dem Kind in ihrem Leben einen guten Platz zu geben und auch auf Dauer immer wieder Freude daran zu haben. Paaren Anregungen dafür zu geben, ist eines der Hauptanliegen unseres Buches.

Wenn die Bewältigung des kritischen Übergangs gelingt, dann eröffnet sich gerade dadurch eine große Chance in der Entwicklung – um individuell und als Paar voranzukommen. Kritische Lebensereignisse bringen immer wieder die *Möglichkeit der Weiterentwicklung* mit sich: die Reifung der Persönlichkeit der beiden und die Qualität der Beziehung zueinander. Durch das Kind reift in der jungen Frau «Mütterlichkeit», der Mann entwickelt «Väterlichkeit»; und wenn die Kinder wieder aus dem Haus gehen, dann eröffnet sich die Chance, sich als Paar wieder neu zu finden und in der Liebe tiefer und reifer zu werden; auch der Übergang in den Ruhestand hat schon manchem ermöglicht, ein bisher brachliegendes Talent jetzt erst zur vollen Entfaltung zu bringen.

Kritische Lebensereignisse stürzen Paare immer wieder in Krisen. Das ist ganz normal und gehört zum Leben dazu. Ohne Weiterentwicklung würde das Leben erstarren. Dies können wir zum Beispiel beobachten bei Paaren, die sich nicht entscheiden können, ihre Beziehung als verbindlich zu definieren und Kinder haben zu wollen oder auch nicht. Ein entscheidungsloser Zustand führt nicht selten in die totale Stagnation.

In diesem Sinne wollen wir in den folgenden Kapiteln vielfältige Anregungen dazu geben, wie Paare persönliche Potentiale bei sich aktivieren können, aus denen sich geeignete Bewältigungsstrategien für jene Stress-Situationen entwickeln lassen, die notwendigerweise mit der Geburt eines Kindes entstehen. So möchten wir dazu beitragen, dass Paare, die Eltern werden, nicht nur ihrem Kind eine gute und förderliche Umgebung schaffen, sondern selbst daran wachsen können und die Geburt eines Kindes auch für ihre persönliche Weiterentwicklung und die Bereicherung ihrer Paarbeziehung nutzen.

2. Kapitel: Brief einer jungen Mutter an ihren Mann

Lieber Matthias!

Nach Wochen des Schweigens mache ich mich daran, Dir einen Brief zu schreiben. Nicht ganz freiwillig. Wir haben in der Paartherapie die Aufgabe bekommen, unsere gemeinsame Paargeschichte unter dem Aspekt zu betrachten: Was bin ich Dir schuldig geblieben? Nun will ich den Versuch machen, eine Antwort zu finden.

Ich muss zugeben, die Frage ruft bei mir einigen Widerstand hervor. Was ich dir schuldig geblieben bin? Was Du mir schuldig geblieben bist – darüber könnte ich Seiten füllen: angefangen damit, dass Du Dich, vor allem seit Luisa auf der Welt ist, immer weiter von uns entfernt hast und in Deiner Arbeitswelt verschwunden bist. Dort bist Du der bei allen beliebte Kollege, für jeden ein offenes Ohr! Und zu Hause tust Du nur noch das Nötigste und verdrückst Dich am liebsten hinter den PC. Du lässt mich allein mit so vielen Entscheidungen, die zu treffen sind – die Tagesmutter für Luisa aussuchen, ob und wenn ja, wie viel ich wieder in den Beruf einsteige, sogar unsere Urlaube plane ich inzwischen allein! So habe ich mir unser Familienidyll nicht vorgestellt! Gut, aber das ist nicht die Frage. Die Frage ist: Was bin ich Dir schuldig geblieben? Du würdest wahrscheinlich antworten, dass ich Dir Toleranz schuldig geblieben bin. Dass ich Dich mehr lassen sollte, wie Du bist, anstatt an Dir «rumzuerziehen» – Dein Lieblingswort in diesem Zusammenhang.

Ich war so überzeugt gewesen, dass Du genau der Richtige für mich bist. Damals, als wir uns kennen lernten. Dein Witz, Deine lustigen Einfälle, Deine Geschichten aus aller Welt, die Du als Reiseleiter gesammelt hattest. Unsere erste gemeinsame Reise – wie verrückt das alles war! Das war für mich eine neue Welt, in die Du mich entführt hast. Meine Welt bestand bis dahin aus Planung und Struktur. Das waren schon immer die Säulen meines Lebens gewesen. Mit meinem Organisationstalent war ich als Hotelfachfrau schnell zur Hotelmanagerin aufgestiegen. Du hast mich bewundert mit meinem selbstbewussten Auftreten und wie souverän ich mit meinen Führungsaufgaben umgehen konnte. Auch im Sex war ich die Mutigere und es machte mir Spaß, Dich rumzukriegen, wenn Du faul auf dem Sofa lagst.

Wenn Du mal die Initiative übernommen hast, ob im Sex oder auch bei Deinen «Sollen-wir-nicht-heute-mal»- Einfällen, habe ich Dich oft abblitzen lassen, weil ich mich auf so spontane Aktionen nicht einlassen wollte. Da bin ich Dir sicher schuldig geblieben, mich auch mal auf Deine Wünsche und Bedürfnisse einzulassen. Immer musste ich irgendeinen Plan durchziehen.

Mein größter Plan war: heiraten und dann gleich das erste Kind. Dann das zweite und dann wieder in den Beruf einsteigen – vielleicht ein eigenes Hotel führen gemeinsam mit Dir. Du warst mit allem einverstanden, auch damit, sesshaft zu werden. Denn Deine vielen Reisen hätten mit meinen Vorstellungen von Familienleben nicht zusammengepasst. Du hast eine Stelle in einem Reisebüro gefunden. Heute bin ich mir nicht mehr so sicher, ob Du wirklich aus eigener Entscheidung da mitgemacht hast oder nur mir zuliebe. Und ich habe es versäumt, mit Dir gemeinsam einen Plan für die Zukunft zu schmieden.

Dann kam Luisa. Ich hörte schon bald in der Schwangerschaft auf zu arbeiten, weil ich mir noch jede Menge Überstunden anrechnen lassen konnte. Wie schwer mir der Abschied von den Kollegen und von der Arbeit fiel! Dein Kommentar war nur: «Sei doch froh!» Du hattest gerade einen Streit mit Deiner Chefin angefangen und warst vollkommen absorbiert. Ich saß allein in diesem Loch, in dieser Leere – und stürzte mich mit Feuereifer auf die Baby-Vorbereitung. Hier sah ich wieder neuen Sinn. Ich würde mich perfekt organisieren, die Baby-Mutterzeit, unter der viele so stöhnen, mit links erledigen.

Damals hat schon unsere Entfremdung voneinander angefangen. Wenn Du von Deinem Stress im Geschäft geredet hast, habe ich kaum zugehört. Und Deine Beteiligung an allem, was mit Anschaffungen für das Baby zusammenhing, war mir immer zu wenig. Und nicht nur Anschaffungen – der ganze emotionale Aufruhr, die vielen, sich oft widersprechenden Informationen, die Angst, etwas falsch zu machen oder zu übersehen – bei allem habe ich mir eingeredet: «Das interessiert Matthias ja doch nicht. Damit brauche ich dem gar nicht zu kommen.» Damals hätte ich Dir viel deutlicher zeigen sollen, wie sehr ich mir Deine Unterstützung wünschte. Du hast sicher gedacht: Das macht die ganz allein – da braucht die mich nicht dabei. Und ich bin Dir schuldig geblieben, Dich zu unterstützen, Dir zuzuhören.

Und so ging es nach der Geburt weiter. In meiner Erinnerung an die ersten Wochen mit Luisa bist Du nur verschwommen vorhanden. Ich war mit diesem kleinen Wesen, das von mir abhängig war und das ich doch so wenig kontrollieren konnte, vollauf beschäftigt. Warten, dass sie einschläft – damit ich wenigstens mal duschen gehen konnte – warten, dass sie aufwacht, um mit ihr spazieren zu gehen. Mein Alltag bestand aus Warten und Reagieren – planvoll und strukturiert sieht anders aus. Dazu der Schlafmangel! Ich war unausstehlich zu Dir. Du mit Deiner Unabhängigkeit und Deinen festen Arbeitszeiten! Was immer Du mit Luisa gemacht hast, es war in meinen Augen erstens nicht richtig und zweitens nicht genug. Ja, eigentlich hätte ich es gebraucht, dass Du es einfach auf Deine Art machst und Dich von mir nicht rumkommandieren lässt. Ich bin Dir schuldig geblieben, Dir Luisa wirklich zu überlas-

sen – sie in Deine Verantwortung zu geben, wenn Du Dich mit ihr beschäftigt hast. Stattdessen habe ich Dich behandelt wie einen «Mitarbeiter, der sich an die Regeln des Hauses zu halten hat» (So hast Du es einmal formuliert!).

Du warst vielleicht sogar froh, dass Du wegen der Krise in der Tourismusbranche mit vielen Überstunden und tagelangen Messeauftritten für den Erhalt Deines Arbeitsplatzes kämpfen musstest.

Aus Ärger und Erschöpfung gleichermaßen hatte ich keinerlei Lust mehr auf Sex. Du hast es hingenommen und bist aus dem Schlafzimmer ausgezogen. Unsere Gespräche reduzierten wir auf das Notwendigste. Dafür kam es immer häufiger zu verletzenden Bemerkungen – ja, auch von meiner Seite –, die jedoch nicht in eine Aussprache führten, sondern das Schweigen zwischen uns nur noch dichter werden ließen. Ich redete mir ein, dass mir das Schweigen lieber sei, als niedermachende Kommentare von Dir zu hören. Das Schweigen war wie ein Schutzwall für mich. Aber tief in meinem Inneren wurden meine Sehnsucht nach Dir und mein Verlassenheitsgefühl immer größer. Viel zu lange haben wir diesen Zustand ausgehalten. Matthias, ich bin Dir schuldig geblieben, mich Dir zu öffnen. Dir meine Gefühle mitzuteilen und nicht locker zu lassen, bis Du zuhörst, bis Du reagierst. Ich bin Dir schuldig geblieben, meinen Anteil an unserer Distanzierung anzuerkennen – so, wie er mir jetzt im Rückblick und indem ich es aufgeschrieben habe, klar geworden ist.

Helen

In diesem Brief wird deutlich, wie es «ganz normalen», fähigen und in vielen Bereichen erfolgreichen Frauen und Männern in dieser Situation ergehen kann und was die beiden dafür tun, ihre Probleme miteinander zu lösen. Sie haben gemeinsam eine Paartherapie begonnen und in diesem Brief macht die Frau einen zentral wichtigen Schritt: Sie verharrt nicht in Anklage gegen ihren Mann, sondern nimmt viele Anteile an den Problemen auf sich und schafft damit eine wesentliche Voraussetzung für kooperative Lösungen. Wir werden im Folgenden immer wieder auf dieses Paar zurückkommen.

3. Kapitel: Alles ändert sich. Über das Zusammenspiel des Paares, wenn ein Kind kommt

Vor der Geburt

Schon zu dem Zeitpunkt, wenn einer der beiden Partner den Wunsch nach einem Kind zu spüren beginnt, meldet sich dieses Kind als ein «neues Drittes», auf das sich das Paar von nun an bezieht. Auch wenn es noch lange nicht geboren ist, ja vielleicht auch gar nie gezeugt wird, verändert es das Zusammenleben des Paares. Denn es geht hier um eine Entscheidung, die einschneidende Konsequenzen haben wird. Wie mit dieser Entscheidung umgegangen wird, hat nicht selten gravierende Auswirkungen darauf, ob es mit dem Zusammenleben des Paares gut weitergeht oder nicht. Wir beginnen daher mit unseren Ausführungen beim Entscheidungsprozess des Paares für oder gegen ein Kind. Bevor wir dann über Schwangerschaft und Geburt sprechen werden, stellen wir noch einige Überlegungen an über die Wichtigkeit der Qualität der Paarbeziehung für das weitere Geschehen und über die Möglichkeiten für Paare, diese Qualität zu sichern oder zu verbessern.

Die Entscheidung des Paares für das gemeinsame Kind

Welche Art von Entscheidung ist optimal – sowohl für das Kind als auch für den weiteren guten Bestand der Paarbeziehung? Zweifellos ist es die *bewusste und gemeinsame Entscheidung beider Partner*, der Frau *und* des Mannes, für das Kind. Daran fehlt es bereits bei Helen und Matthias. Helen schreibt: «*Mein (!) größter Plan war: heiraten und dann gleich das erste Kind …*» Und aus späterer Sicht: «*Heute bin ich mir nicht mehr sicher, ob Du wirklich aus eigener Entscheidung da mitgemacht hast. Und ich habe es versäumt, mit Dir gemeinsam einen Plan für die Zukunft zu schmieden.*» (s. S. 22) Offensichtlich beginnen hier bereits die Schwierigkeiten in der Beziehung zu Matthias.

Eine eindeutige und einvernehmliche Entscheidung für ein Kind zu fällen, ist heute bedeutend schwieriger geworden, als es in der Vergangenheit war. Bis ins 19. Jahrhundert und vielfach auch noch in der ersten Hälfte des zwanzigsten war schon die vorausgehende Partnerwahl viel weniger von subjektiven und damit unsicheren Kriterien geprägt, wie dies heute der Fall ist: Liebesgefühle sind für heutige Paare die Grundlage für alles Weitere. In puncto Liebe müssen nach allgemeiner Überzeugung die beiden Partner übereinstimmen oder einander ergänzen, gegenseitige sexuelle Anziehung muss spürbar sein, und zwar möglichst stark, die beiden sollen «ein Herz und eine Seele» sein. Nur dann können sie es wagen, eine verbindliche Entscheidung füreinander und ihr weiteres gemeinsames Leben zu treffen.

Das alles spielte früher für die Partnerwahl eine viel geringere Rolle als heute. Entscheidend waren vielmehr die gesellschaftliche Stellung der beiden, das Ansehen und die wirtschaftlichen Verhältnisse. Wenn da alles «stimmte», gab es keinen Grund, nicht um die Hand der «Auserwählten» anzuhalten, und auch von ihrer Seite, nicht zuzustimmen. Liebes-*Gefühle* spielten für das Eingehen einer Lebensbeziehung damals kaum eine Rolle – ganz im Gegensatz zu heute.[2] Und wenn man verheiratet war, dann oblag es nicht mehr der freien Entscheidung des Ehepaars, ob es Kinder wollte oder nicht. Kinder gehörten zur Ehe einfach dazu, abgesehen davon, dass man ja auch nur über sehr eingeschränkte oder gar keine Möglichkeiten zur Geburtenregelung verfügte.

Heute dagegen ist es – auch abgesehen von der Partnerwahl – die ganz und gar freie Entscheidung eines Paares, Kinder haben zu wollen oder nicht. Außerdem verfügen wir über nahezu absolut sichere Methoden der Verhütung. Es braucht also die ganz bewusste, voll verantwortliche Entscheidung des Paares für ein Kind, damit dieses die Chance hat, geboren zu werden.

Was die äußeren Rahmenbedingungen betrifft, so werden gleichzeitig die Ausbildungszeiten immer länger und feste Anstellungsverträge zu Beginn der Berufszeit immer seltener. Vieles ist unsicher, was die Zukunft angeht. Und abgesehen von diesen Unsicherheiten ist da vor allem auch die eine Frage: «Wird unsere Beziehung halten?» Auch diese Frage war früher so gut wie gegenstandslos: einmal verheiratet – für immer verheiratet. Davon konnten die beiden jungen Eheleute jedenfalls ausgehen. Man muss im Gegensatz dazu heute mit der Entscheidung für das Kind eine Entscheidung in eine oft mehr als unsichere Zukunft treffen. Dies hält zweifellos viele von diesem Schritt ab. Ein Leben zu zweit als Paar hat man viel leichter unter Kontrolle als das einer drei- oder mehrköpfigen Familie. Zudem schrecken viele Paare vor der großen Verantwortung für das Gedeihen der Kinder in der heutigen Zeit zurück, wo Eltern für jede Auffälligkeit der Kinder verantwortlich gemacht werden.

Diese Situation steht zweifellos im Zusammenhang mit der Tatsache, dass in vielen Staaten Europas immer weniger Kinder auf die Welt kommen. Derzeit sind es im deutschsprachigen Raum lediglich noch zwischen 1,3 und 1,5 Kinder pro Frau! Sicherlich könnte man durch mehr Unterstützung von außen, vor allem durch die Schaffung von mehr Betreuungsplätzen für kleine Kinder und bessere Bezahlung der Betreuungspersonen, die Atmosphäre kinderfreundlicher und die Betreuung kompetenter machen. Aber vor allem bräuchte es mehr Sicherheit und Entscheidungsfreudigkeit bei den jungen Paaren selbst. Günstige äußere Rahmenbedingungen helfen zwar, nehmen den Paaren die Entscheidung aber nicht ab.

Dabei gibt es zweifellos ein *Ungleichgewicht zwischen Frauen und Männern.* Frauen liegt der Gedanke an das Gebären und Aufziehen eines Kindes auch heutzutage, wo sie in beruflichen Belangen mit den Männern gleichziehen, dennoch näher als dem Mann. Jeden Monat werden sie durch ihre Menstruation daran erinnert, und die Verhütung wird auch in verbindlichen Beziehungen eher als Frauensache gesehen. Da aber Männer – im Vergleich zu früheren Zeiten – auch heute zunehmend begreifen, dass sie (auch) als Väter in einer aktiveren und engagierteren Rolle gefragt sind, spüren sie die Last der Verantwortung umso stärker – und wenn dann noch, wie es häufig der Fall ist, die beruflichen und wirtschaftliche Unsicherheiten dazukommen, liegt es nahe, dass sie es sind, die bei dem Gedanken an ein gemeinsames Kind häufiger als Frauen «auf die Bremse treten».

In einer Umfrage des BfF (Bundesministerium für Familie, Senioren, Frauen und Jugend) aus dem Jahre 2007 zu Lebensentwürfen 20-jähriger Frauen und Männer wird deutlich, dass Männer unter dem Druck verschiedenster Anforderungen in Beruf und Familie ihre Chancen auf eine gelingende Work-Life-Balance äußerst skeptisch einschätzen: «Männer heute befürchten, dass in Wahrheit die Frauen die wichtigen Entscheidungen fällen und sie, die Männer, gar nicht mehr brauchen. Es bestehen große Ängste, einmal ‹von der Partnerin sitzen gelassen zu werden›, ohne etwas objektiv falsch gemacht zu haben.»[3]

Wie wichtig aber eine *gemeinsame* Entscheidung ist, das zeigt die Erfahrung zahlreicher Paare. Dadurch wird insbesondere eine gemeinsame Eltern-Achse geschaffen, die späteren Austausch, gleichwertiges Engagement fürs Kind und gemeinsame Eltern-Verantwortung in allen Bereichen ermöglicht. Der Brief der jungen Mutter an ihren Mann im vorigen Kapitel (siehe S. 19 ff.) ist dafür ein Negativ-Beispiel. Helen berichtet, wie sie sich nach der Geburt förmlich auf das Baby «stürzt» – und Matthias spielt ab da kaum noch eine Rolle im Familienleben. Wenn die Entscheidung allein die Frau trägt, besteht eben die Gefahr, dass es in der familiären «Dreier-Beziehung» Mutter-Vater-Kind sogleich und von Anfang an «zwei zu eins» steht: Mutter mit Kind und der Vater im Abseits. Nicht umsonst gibt es heute so viele alleinerziehende Frauen!

Natürlich heißt «gemeinsame Entscheidung» nicht unbedingt in jedem Fall eine «völlig gleichwertige Entscheidung», also nicht notwendigerweise eine hundertprozentige Entscheidung beider für das Kind. Manchmal geht die Initiative dafür zunächst auch nur von einem der Partner aus, und der andere (meist ist der Mann in dieser Rolle) schließt sich dieser Entscheidung an; oder der eine ist vielleicht zunächst nicht so dafür, lässt sich aber dann umstimmen; oder er bleibt trotz Zustimmung eher in einer skeptischen, ängstlichen oder abwartenden Position. Wir beobachten, dass es meist die Männer sind, die zunächst zögerlich auf den Kinderwunsch ihrer Partnerinnen reagieren. Meist verändern sie jedoch ziemlich schnell ihre Einstellung, sobald das Baby da ist, und sind mit einem Mal ganz stolz und begeistert von ihrem Nachwuchs, der sie da so hinreißend anstrahlt.

Das Spektrum «gemeinsame Entscheidung» reicht also vom voll bewussten klaren gemeinsamen Einverständnis beider Partner bis hin zu einem «Halt-einverstanden-Sein, wenn sie, die Frau, es so unbedingt will». Wenn jedoch dieses Minimum an «Ja zum Kind» von einer Seite ganz und gar fehlt, hat das Kind schlechte Startbedingungen. Entweder wird es dann zum ständigen Zankapfel seiner Eltern, oder es muss auf einen präsenten Vater verzichten (wofür das Paar Helen und Matthias wieder ein Beispiel gibt), oder es bekommt auch die Zuwendung der Mutter nur noch eingeschränkt, weil diese dem Mann gegenüber aus schlechtem Gewissen – «Ich habe ihm das Kind aufgedrängt!» –

zu viele Zugeständnisse an Zeit und Zuwendung macht, die dem Kind dann fehlen.

Es stellt sich für uns die Frage: Wie könnte man nur helfen, Paaren in dieser komplexen, schwierigen Situation die Entscheidung, zumal die gemeinsame Entscheidung für das Kind, zu erleichtern? Es gibt kein Zurück zu den stabilen Rahmen-Bedingungen der vor-modernen Gesellschaft, die dieses Übermaß an Verantwortung vom einzelnen Paar genommen haben. Wir können uns alle zweifellos für die weitere Verbesserung der Kinderbetreuung durch Politik und Gesellschaft einsetzen, doch das entbindet Paare nicht von der Entscheidung. Wie könnte man vor allem den Männern helfen, entscheidungsfreudiger, mutiger zu werden?

Als Paartherapeuten sind wir hier in der Tat ein wenig ratlos. Es bräuchte einfach ein stärkeres «Ja zum Leben» in seiner ganzen Unkalkulierbarkeit und ein Grundvertrauen, dass es «schon irgendwie gutgehen wird»! So oft schon haben wir erlebt, dass junge Paare zu einem Zeitpunkt ein Kind bekamen, der nach allgemeiner Einschätzung kaum ungünstiger hätte sein können: beide noch in Ausbildung oder ganz am Anfang ihrer Berufslaufbahn, noch keine feste Stelle – und die Frau schwanger. Und oft erwies sich das bei allem Stress im Nachhinein als der denkbar beste Zeitpunkt: Die beiden waren noch jung, hatten noch viel Energie, die Ausbildungszeit der Frau erwies sich für eine flexible Kinderbetreuung sogar als vorteilhaft, ihre Mobilität bei der späteren Berufswahl war dadurch noch nicht blockiert usw. Manchmal haben sich junge Paare in ähnlicher Situation auch zusammengetan, um sich untereinander die Kinderbetreuung zu teilen, sodass sie auch als junge Eltern ihren anderen Ausbildungs- oder anfänglichen Berufs-Verpflichtungen nachgehen konnten, um dann wieder ihrerseits die Kinder der Freunde zu übernehmen. Die Frau musste dann doch nicht durch ein längeres Ausscheiden ihren Berufsweg unterbrechen, und es fügte sich schließlich alles. Die Risikofreude und der Mut, die Entscheidung für das Kind auch in eine noch unsichere Lebens-Situation hinein zu fällen, erwiesen sich in solchen Fällen als die beste – oder jedenfalls als eine gute – Lösung. Wir möchten junge Paare darum zu ähnlich mutigen Schritten ermuntern. Fast immer lohnen sich diese! Das Leben und das Zusammenleben lassen sich in jungen Jahren noch leichter flexibel organisieren als später, wenn es durch berufliche Verpflichtungen vor allem für die Frauen «immer wieder nicht passt» – wie das heute so oft der Fall ist! Und man darf nicht unterschätzen, welch «gute Energie» oft mit dem Baby geboren wird und die Eltern durch manche Krise trägt.

Die Qualität der Paarbeziehung und die Entscheidung für das Kind

In der Fachliteratur zum Thema «Übergang vom Paar zur Familie» herrscht bei allen Autoren in einem Punkt Einigkeit: Die Geburt eines Kindes ist eine große Herausforderung für die Paarbeziehung, mindestens vorübergehend verschlechtert sich deren Qualität. In einer – allerdings extremen Form – wird dies auch in unserem zitierten Brief deutlich (siehe S. 19 ff.). Helen ist anfangs so durch die kleine Luisa in Anspruch genommen, dass sie für nichts mehr, vor allem auch nicht für ihren Mann, Zeit und Energie hat. Sollten angesichts dieser unausweichlichen Verschlechterung der Liebesbeziehung nach der Geburt des ersten Kindes nicht Paare nur dann ein Kind bekommen, wenn sie sich ihrer Liebe und ihres guten Miteinanderauskommens absolut sicher sind? Sollten Paare also erst einen «Beziehungs-TÜV» bestehen, bevor sie sich für Kinder entscheiden? Dazu sagen wir entschieden: Nein! Es ist unrealistisch zu meinen, dass es in der Paarbeziehung keine Probleme geben dürfe, wenn die beiden Kinder wollen. Es kommt vielmehr darauf an, in welcher Weise die beiden dann miteinander und mit ihren Problemen umgehen.

Was das konkret heißt, wurde uns am Beispiel eines Paares deutlich, das wir hier Friederike und Gerald nennen: Geralds

Mutter mischte sich immer wieder in das Leben des Paares ein, Gerald brachte aber zunächst den Mut nicht auf, sich ihr gegenüber deutlich abzugrenzen, was Friederike wütend machte und zu immer wieder aufflammendem Streit führte. Die beiden gingen das Problem auf folgende Weise an: Beide Partner konnten nach einigen unerquicklichen Streit-Eskalationen einsehen, dass es nötig war, ihren jeweiligen Anteil am Problem zu sehen und beiderseits konkrete Schritte zur Lösung zu unternehmen. So war es an Gerald, einzugestehen, dass er sich bisher nicht an eine klare Abgrenzung von seiner Mutter herangetraut hatte, und Friederike konnte verstehen, dass sie in manchen Punkten überempfindlich reagierte, was Gerald nur zu unfruchtbarer Selbstverteidigung provozierte. Als beide dies zugeben konnten, waren die nächsten Schritte vorbereitet.

Es ging jetzt um die Frage: Wie können wir zur Lösung des Problems zusammenwirken? In welcher Situation könnte Gerald sich seiner Mutter gegenüber so verhalten, dass er sie einerseits nicht zu stark vor den Kopf stoßen würde, aber andererseits doch eine klare Grenze ihren Übergriffen gegenüber ziehen könnte? Und wie könnte Friederike gelassener damit umgehen, wenn er das vielleicht nicht gleich so schaffte, wie sie es sich eigentlich wünschte? Das Problem war ab diesem Zeitpunkt noch nicht beseitigt. Es tauchte in verschiedenen Formen immer wieder einmal auf. Aber es führte nicht jedes Mal in aussichtslose Streiteskalationen. Die beiden lernten, besser damit umzugehen, sich miteinander zu verständigen und immer wieder Schritte zu planen und Lösungen zu finden.

In einem solchen Fall ist dann auch für ein Kind ein guter Platz vorhanden, denn die beiden sind gewappnet, wo und wann und in welchem Zusammenhang die schwierigen Situationen auftauchen und was dann zu tun ist.

Wenn Partner so weit sind, dass sie sich über solche «schwierigen Punkte» immer wieder verständigen und auch Maßnahmen zu einer Lösung oder Abschwächung des Problems ergreifen, dann wird auch ein Kind einen guten Platz bekommen und in das familiäre Zusammenleben integriert werden.

Entscheidend ist hier, dass sich Paare, so wie Gerald und Friederike, bewusst sind, wann, wo und wodurch es in ihrer Beziehung schwierig wird. Und ob sie dann wissen, was zu tun ist (und zwar von beiden Seiten!), um damit klarzukommen bzw. ohne Groll damit leben zu können. Wenn Paare diese Fragen bejahen können, dann sind die Chancen groß, dass ihre Beziehung am Übergang vom Paar zur Familie nicht scheitern wird.

Etwas anders ist es freilich, wenn sich bei einem Paar ähnliche Konflikte ständig wiederholen: wenn beide zum Beispiel in Streit geraten und kein anderes Ende dabei finden, als das Gespräch abzubrechen und grollend auseinanderzugehen, um sich bei nächster Gelegenheit beim selben oder einem ähnlichen Thema wieder genau in den gleichen Streit mit dem gleichen «Ergebnis» zu verwickeln. Das heißt: Das Problem taucht immer wieder in der gleichen oder in ähnlicher Form auf, wird jedes Mal unerquicklicher und schärfer – und man resigniert und entfremdet sich immer mehr dabei.

In einem solchen Fall sollte das Paar, bevor es an Kinder denkt, die Hilfen in Anspruch nehmen, die es heute dafür gibt: gute und hilfreiche Literatur über Paarbeziehungen, über deren Probleme und Lösungen oder auch konkrete Hilfestellungen durch Paarberatung und Paartherapie, sei es in Therapie- und Beratungs-Praxen, sei es vor allem auch in Beratungsstellen für Ehe- und Familien-Fragen, die von staatlichen, kirchlichen oder auch privaten Organisationen angeboten werden. Partner sollten bezüglich ihrer Probleme wenigstens «auf dem Weg sein» – dann schaffen sie auch den nötigen Platz für das Kind.

Auf keinen Fall aber darf das Kind «dazu dienen», sich von bestehenden Paarproblemen ablenken zu wollen oder zu meinen, durch das Kind werde sich das Problem schon lösen oder wenigstens «unwichtig» werden. Denn die Erfahrung zeigt immer wieder: Durch das Kind wird eine Beziehung sehr belastet, auch wenn sie lebendig und fest ist. Wenn die Beziehung schon vorher ernstlich in Frage steht, wird sie durch das Kind vollends aus den Fugen geraten.

Hilfestellungen für die Lösung von Paarproblemen

Wir möchten an dieser Stelle einen kurzen Abschnitt über ein Konzept einfügen, das hilfreich ist, das Zusammenspiel von Paaren, und zwar auch dort, wo es problematisch wird, besser zu verstehen. Es hat sich bewährt in der Paartherapie und wir machen damit sehr gute Erfahrungen.

Wenn zwei Menschen sich ineinander verlieben, hat die Intensität ihrer Gefühle in der Regel damit zu tun, dass sie sich auf ideale Weise ergänzen oder zu ergänzen meinen. Der eine ist zum Beispiel so imponierend eigenständig und unabhängig, der andere ist so liebevoll verbunden und zugewandt. Das erleben die beiden als eine ungeheure Bereicherung ihres bisherigen Lebens. Es handelt sich dabei um eine *Polarität*, um zwei polare Eigenschaften: «Eigenständigkeit» einerseits und «Verbundenheit» andererseits. Diese Polarität macht einen Gutteil ihrer Verliebtheit aus. Das Problem ist nur: Im weiteren Verlauf der Beziehung wird aus der anregenden und sich so schön ergänzenden Polarität oft eine ungute *Polarisierung*. Was früher dem einen als imponierende Selbständigkeit erschien, wird für ihn plötzlich zur «Eigenbrötelei», und was der andere als anziehende Zugewandtheit erlebte, wird für ihn allmählich zur lästigen «Anhänglichkeit». Daraus kann dann eine Dynamik entstehen, die von der ursprünglichen Faszination kaum noch etwas übrig lässt, sondern in Streit und Enttäuschung endet.

Um Probleme dieser Art besser zu verstehen, hat sich ein bereits oben angesprochenes Polaritätsmodell, das «Riemann-Thomann-Modell», als sehr nützlich erwiesen.[4]

Auf der horizontalen Ebene «Nähe – Distanz» steht Nähe für das Bedürfnis nach Verbundenheit miteinander, nach Zuge-

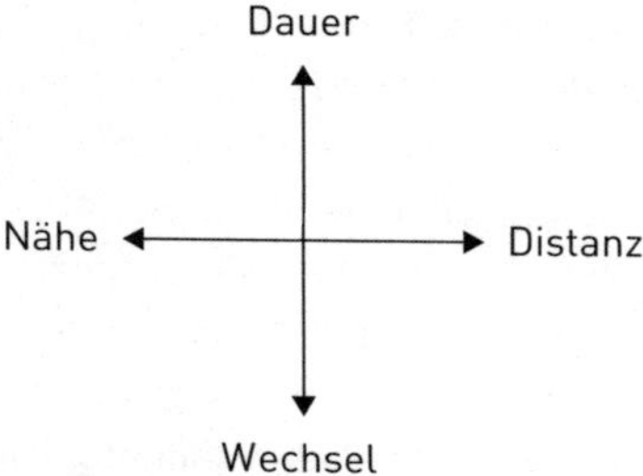

Abb. 2 Das sogenannte «Riemann-Thomann-Modell»

wandtheit und Engagement füreinander, während «Distanz» immer zu tun hat mit dem Bedürfnis nach Eigenständigkeit, «Für sich sein», und zwar im Sinne von «Selbstbestimmtheit»: jederzeit eigene Entscheidungen treffen zu können, ohne dazu gedrängt oder manipuliert zu werden, persönlichen Freiraum zu haben. Die Vertikale bringt eine davon unterschiedliche Polarität zum Ausdruck: Wer mehr zum «Dauer-Pol» tendiert, hat das Bedürfnis nach Vorhersehbarkeit, nach «gleichem Ablauf», «klarer Struktur», «Ordnung», und «Überblick». Wer hingegen mehr zum «Wechsel-Pol» tendiert, tritt ein für «Flexibilität», «Veränderung», «Beweglichkeit», «Kreativität».

Was das konkret heißen kann, möchten wir am Beispiel unseres schon mehrfach zitierten Briefes illustrieren: Helen steht hier eindeutig am Pol der Dauer: *«Meine Welt bestand aus Planung und Struktur»*. Sie will sich in der Babyzeit «perfekt organisieren», während es aus ihrer Sicht typisch für ihren Mann Matthias ist, dass er sie immer wieder mit «Sollen-wir-nicht-heute-mal»-Einfällen» überrascht, also ihrem «Dauer-Pol» den «Wechsel-Pol» entgegensetzt. Oder in ihrer Erinnerung aus der ersten Zeit der Beziehung: *«Dein Witz, Deine lustigen Einfälle, Deine Geschichten aus aller Welt …, wie verrückt war alles!»* Auch wird hier deutlich, dass diese Unterschiedlichkeit in der ersten Zeit eine große Faszination ausübte. Allerdings wird aus dem Brief auch klar, wie diese Faszination bald in große Enttäuschung umschlägt. Denn die Babyzeit verlangt von ihr eine noch stärkere Betonung des «Dauer-Pols»: Zu-Hause-Sein, Kontinuität, Verlässlichkeit. Sein «Wechseltypus» und sein Unbehagen gegenüber jeglicher Form von Eingebunden-Sein führen dazu, dass er schließlich fast überhaupt nicht mehr zu Hause ist, zwar für seine Kollegen immer ein offenes Ohr hat, aber nicht mehr für sie und ihre Probleme mit dem Kind. Aus der anfänglich faszinierenden und inspirierenden Polarität «Dauer – Wechsel» ist somit hier eine für beide frustrierende «Polarisierung» geworden.

Was die beiden – so wie es bei vielen Paaren geschieht – in der ersten Zeit der Verliebtheit unmittelbar erlebt, im Alltag allerdings gänzlich aus den Augen verloren haben: dass die Eigenarten des anderen bei allem Ärger für sie persönlich und die Beziehung auch eine *Bereicherung* darstellen könnten, ja sogar eine wichtige Ressource für jeden der beiden sein könnten. Indem sie sich polarisieren, erscheint die Eigenart des anderen nur noch negativ: Derjenige, der zum Pol der Dauer tendiert, erlebt den Partner, der dem immer wieder die Wechsel-Tendenz entgegensetzt, nur noch als unbeständig, abwesend, nicht verlässlich. Dagegen erlebt dieser den «Dauertyp» nur noch als starr, einengend, langweilig. Ähnlich ist es bei Paaren, die mit der Polarität Nähe – Distanz kämpfen. Davon lässt sich ebenfalls am Beispiel von Helen und Matthias etwas erkennen (wenn auch nicht ganz so deutlich wie bei der anderen Polarität): Helen beklagt die Nicht-Anwesenheit, also «Distanz» von Matthias, sie berichtet, dass er sie oft allein lässt, weil er offenbar von ihr nicht «eingeplant» und in seiner Art des Engagements für das Baby nicht festgelegt werden will. Sie wünscht sich seine Nähe, die er mehr und mehr vermeidet, seit das Kind da ist, und verurteilt seine Tendenz, sich «außerhalb» Ablenkung zu verschaffen. Die beiden erleben sich also gegenseitig immer mehr «polarisierend». Dass die Wechsel-Distanz-Betonung von Matthias für Helen auch ein Gewinn sein und ihr Erholung bringen könnte, wenn sie sich auch einmal vom Kind etwas lösen könnte, ebenso wie die Dauer-Nähe-Orientierung von Helen für Matthias wertvoll wäre, weil er dadurch den Kontakt zu Helen nicht verlieren und eine Beziehung zum Kind herstellen könnte, das ist beiden nicht mehr zugänglich. Die Eigenart des anderen wird für den Partner sozusagen zu einer Karikatur ihrer selbst: Die Wechsel-Distanz-Orientierung von Matthias wird in Helens Augen zum verantwortungslosen «Sich-Absetzen»; umgekehrt ist die Dauer-Nähe-Orientierung von Helen für Matthias nur ein Versuch, von ihr «an die Leine gelegt zu werden», und er ärgert sich über das dauernde «Kritisiert-und-Belehrtwerden» durch Helen.

Wenn Paare jene Konflikte betrachten, die sich in ähnlicher Art, wenn auch unter Umständen mit wechselnden Anlässen und Themen, immer wieder wiederholen, können sie davon ausgehen, dass es sich höchstwahrscheinlich dabei um eine Variation einer Polarisierung zwischen den beiden Polaritäten «Dauer – Wechsel» und «Nähe – Distanz» handelt und dass es sich darin eigentlich um Fähigkeiten des Partners und Ressourcen für die Beziehung handelt, die sie am Anfang der Beziehung fasziniert haben. Sehr oft haben sie diese Ressourcen unmittelbar und faszinierend in der Verliebtheitsphase erlebt. Aufgrund der darin ebenfalls enthaltenen Unterschiedlichkeit ist dieses Erleben dann im Alltag der Beziehung ins Negative gekippt.

Damit ist auch schon der Weg angedeutet, wie man erstens die zentralen Polaritäten der Beziehung herausfinden und sie zweitens auch in ihren positiven Grundlagen wiederentdecken kann. Wenn das geschehen ist, kann ein konstruktiver Veränderungsprozess einsetzen. Die wesentlichen Fragen lauten also: Wie kann jeder der beiden Partner diese positiven Seiten des anderen und die Bereicherung, die sie am Anfang der Beziehung darstellten, auch wieder in den Blick bekommen? Und: Wie kann jeder von beiden einen konkreten Schritt von seinem «Pol» auf den des anderen zu machen, um so seinen Beitrag zur «Ent-Polarisierung» des Konflikts zu leisten?

Dies wird sicher auch die wesentliche Aufgabe von Helen und Matthias sein, wenn sie ihre Paartherapie fortsetzen: Helen muss anfangen, flexibler und toleranter zu werden, zum Beispiel in der Art, wie sie mit der kleinen Luisa umgeht, und Matthias muss lernen, verbindlicher und verlässlicher zu Hause «anwesend» zu sein. Hätten sie anhand von ersten Konflikten, die sich zweifellos auch in ihrer Partnerschaft vor Luisa schon gezeigt haben, dieses Verhalten bereits praktiziert, hätten sie sicher einen wichtigen Teil dessen, was sie nach ihrer Geburt «auseinandertreibt», vermieden.

Natürlich haben Paare sehr unterschiedliche Konflikte. Unsere Erfahrung ist aber, dass diese sich fast immer auf unterschiedliche Varianten der beiden oben genannten Polaritäten bzw. Polarisierungen von «Nähe – Distanz» und «Dauer – Wechsel» zurückführen lassen. Wenn das gelingt und auch die positiven Seiten dieser Polarisierungen wieder in den Blick kommen, können oft sehr schwerwiegend erscheinende und chronifizierte Konflikte gelöst oder jedenfalls stark abgemildert werden. Freilich ist das nicht immer ohne Hilfe von außen möglich, aber dazu gibt es ja heutzutage die Hilfsmöglichkeiten für Paare, von denen wir bereits gesprochen haben.

Zwar wird dadurch die ursprüngliche Faszination – an der Polarität des anderen – aus der Verliebtheitsphase meist nicht wieder geweckt, aber es entsteht eine viel positivere Sichtweise gegenüber dem Partner und seiner Eigenart und auch neue Wertschätzung dieser Eigenart für das eigene und das gemeinsame Leben mit dem anderen. Im Brief von Helen an Matthias werden erste Anfänge einer solchen Veränderung ihrer Sichtweise spürbar.

Schwangerschaft. An der Schwelle zum Mutter-/Vater-Werden

Wir gehen nun davon aus, dass die beiden sich für das gemeinsame Kind entschieden haben und dass es dann auch irgendwann «geklappt» hat: Die Frau wird schwanger. Natürlich ist das ein Grund zur Freude. Allerdings ist es oft auch eine Quelle von neuen Unsicherheiten. Es ist ja eine ganz neue Situation, die sofort sehr konkrete Verhaltensveränderungen nach sich zieht – kein Alkohol mehr, keine Medikamente, gute Ernährung, frische Luft, genug Schlaf – und das, obwohl die Existenz des Babys zunächst nur an einem positiven Schwangerschaftstest abzulesen ist. Erst einige Zeit später spürt die Frau das neue Leben: Ganz zart zunächst, aber bald unverkennbar meldet sich dieses Etwas in ihrem Leib. Der Mann ist insofern «im Nachteil», als er an seinem Körper keinerlei Veränderung spürt. Erst wenn die Leibesfülle der Frau zunimmt und die Brüste anschwellen, wird die Veränderung auch für ihn deutlich und «greifbar». Schon hier bestehen einige Gefahren, aber auch Chancen. Darauf wollen wir nun einen Blick werfen.

Da die Frau viel unmittelbarer betroffen ist als der Mann, besteht die Gefahr, dass sie sich viel mehr mit dem neuen Thema «Baby» beschäftigt als er und dass damit hier schon beginnt, was sich nach der Geburt fortsetzen und steigern kann, bis der Mann sich schließlich aus der Dreierbeziehung Mutter-Kind-Vater ausgeschlossen fühlt und für Mutter und Kind zu einer Randfigur wird. Es ist also wichtig für beide Partner, hier – schon ganz zu Beginn – deutlich gegenzusteuern. Das heißt: Der Mann sollte sich aktiv für die Befindlichkeit und die Erfahrungen der Frau mit dem ungeborenen Leben interessieren und danach fragen, was Matthias nach Helens Aussage nicht macht. Oder er sollte jedenfalls bereit sein, immer wieder interessiert zuzuhören, wenn die Frau davon zu reden beginnt, was Helen nun ihrerseits nicht macht. So steigert sich das Muster zwischen beiden: «Er fragt nicht nach – sie redet von sich aus nicht», immer weiter. Die Frau ist aber darauf angewiesen, dass der Mann bereit ist, sich einigermaßen in sie hineinzuversetzen und nachzuvollziehen, wie es ihr wohl gehen mag. Das ist natürlich nicht leicht, aber gerade das kann ihn ja auch zu interessierten Fragen anregen, um dem ein wenig näher zu kommen, was sie erlebt.

Auch für das Kind hat diese Beteiligung des Vaters von Anfang an auf ganz erstaunliche Weise bereits Bedeutung. Das geht aus Erkenntnissen der modernen Gehirnforschung hervor; so schreibt Gerald Hüther: «Der Vater ist von Anfang an Teil der emotionalen Matrix, in der sich das ungeborene Kind entwickelt – mit all seinen Vorstellungen über das Kind, seinen Wünschen und Ängsten, seinem ‹Ja› oder seinem ‹Nein› zu ihm, seiner Beziehung zur Mutter des Kindes und seiner Einschätzung der Lebenssituation, in der die Schwangerschaft eintritt.»[5] Und weiter schreibt der Gehirnforscher sogar: «Außerdem wissen wir, dass eine tiefe, männliche Stimme besonders gut in die intrauterine Welt des Kindes vordringt, sodass man davon ausgehen kann, dass das Kind sich nicht nur an die mütterliche Stimme gewöhnt, sondern auch die Stimme des Vaters kennenlernt.»[6] Dies gilt also schon für die Zeit der Schwangerschaft. Dennoch steht die Beziehung des Kindes zur Mutter hier im Vordergrund. Dem Mann wird zugemutet, gewissermaßen in den Hintergrund zu treten, was nicht heißt, dass er hier – im «Hintergrund» – keine wichtige Rolle hätte. Vielmehr ist er mit seiner Rücksichtnahme und Fürsorge für die emotionale Stabilität seiner Frau von sehr großer Bedeutung.

Wenn dann die *körperlichen Veränderungen bei der Frau* unübersehbar werden, dann verstärkt und festigt das die gemeinsame Freude auf das kommende Ereignis. Bei der Hochschwangeren steht nun an, dass sie das *Mutter-Sein in ihr Bild von sich als Frau* aufnimmt. Das fällt vielen werdenden Müttern nicht schwer: Das Gefühl, Mutter zu werden und nach der Geburt auch zu sein, wird «zu einer wachsenden Bereicherung der Identität, welche den Frauen Stärke in ihrem Selbstbild» verleiht.[7]

Wenn die Frau allerdings bisher ihre Identität hauptsächlich in der Rolle der unabhängigen, sportlichen, berufstätigen und sexuell attraktiven Frau gesehen hat, kann es sein, dass ihr dies gar nicht leichtfällt. Eine wichtige Rolle spielt hier auch ihre Erfahrung mit der eigenen Mutter, die ja ihr Mutterbild wesentlich geprägt hat. Wenn dieses mit vielen negativen Erfahrungen belastet ist, wird es wichtig sein, auch am Beispiel anderer für sie wichtiger Frauen dieses innere Mutterbild zu korrigieren, allerdings ohne es dadurch für sich zu einem unerreichbaren Idealbild zu machen. Wir werden u. a. in Kapitel 6 noch ausführlicher auf diese Zusammenhänge eingehen (s. S. 131 ff.)

Der Mann kann zu diesem Zeitpunkt sein Vater-Werden nicht in gleichem Maß körperlich spüren, auch wenn nicht selten über Gewichtszunahmen, Kopfschmerzen und Stimmungsschwankungen auch bei Männern berichtet wird. Darum ist er in der Regel darauf angewiesen, *das Vater-Werden erst nur gedanklich vorwegzunehmen*. Was wird sein, wenn das Kind da ist? Was werde ich ihm geben können? Was werde ich gern für das Baby tun und was weniger gern? Über diese und ähnliche Fragen mit seiner Partnerin ins Gespräch zu kommen, kann bei beiden schöne Zukunftsbilder vom Leben zu dritt erzeugen und hilft auch der Frau, sich auf ihr Mutter-Werden noch konkreter einzustellen. Solche «Was-wird-sein»-Gespräche geraten im Strudel der Vorbereitungen, der Einkäufe, der Info-Veranstaltungen, Arztbesuche und all dessen, was sonst noch so ansteht, leicht in den Hintergrund

Sie gehören aber ganz wesentlich zur Vorbereitung auf die Geburt dazu. Beide Partner sollten darum immer wieder Anstrengungen unternehmen, dafür bewusst Raum und Zeit zu schaffen.

Eine schöne und seit langem erprobte Grundstruktur für diesen Gedankenaustausch zwischen Paaren stellt das *Zwiegespräch* nach Michael Lukas Möller[8] dar. Die Idee ist, dass jeder

Gesprächspartner einen gewissen Zeitraum zur Verfügung hat, um von sich und seinen Erlebnissen, Sorgen oder Glücksmomenten der letzten Zeit und im Blick auf die Zukunft erzählen zu können. Solche Zwiegespräche könnten sich in unserem Fall hauptsächlich um das kommende Baby drehen und um die Gedanken und Gefühle, die beide Partner in diesem Zusammenhang bewegen. Einer spricht, der andere hört zu, fragt interessiert nach, fügt aber nichts Eigenes hinzu und fängt auch nicht an, einzelne Aussagen zu diskutieren. Nach ca. 20 Minuten ist der andere dran und hat nun auch die Gelegenheit, zu erzählen, ohne unterbrochen zu werden. Zum Schluss lässt man das Gespräch ausklingen bei einem gemeinsamen Spaziergang, einer anderen angenehmen Unternehmung oder auch einem gemütlichen Fernsehabend.

Was manchen Männern zu diesem Zeitpunkt durchaus zu schaffen macht, sind die *körperlichen Veränderungen bei der Frau.* Sie zeigen unübersehbar ihr «Mutter-Werden» an. Dies löst nicht selten körperliche Reaktionen bei ihnen aus, die nicht immer positiv sind, sondern aus Abwehr bestehen, ja unter Umständen sogar mit Ekel gemischt sind. Das zu spüren, kann für die Frau natürlich ein großes Problem sein. Je weiter die Schwangerschaft fortschreitet, desto mehr kann sie sich dann vom Mann abgelehnt fühlen. Solche Reaktionen hängen beim Mann sehr häufig mit seinen *Muttererfahrungen* zusammen. Das Verhältnis der Männer zu ihren Müttern ist ja oft zwiespältig. Einerseits ist die Mutter ihre erste zentrale Bezugsperson, und der intensive Körperkontakt mit ihr ist für den kleinen Jungen ja zunächst genauso lebenswichtig wie für das Mädchen. Andererseits muss sich der Junge auch von der Mutter lösen – und dies radikaler als es beim Mädchen der Fall ist, damit er seine eigene Identität als Mann findet. Dies geschieht am ehesten durch einen emotional positiven Kontakt zum eigenen Vater. Wenn die Mutter ihren Jungen nicht loslassen konnte, entwickelt sich bei diesem häufig ein sehr ambivalentes Gefühl zum Mütterlich-Weiblichen, wobei körperliche Abwehr, manchmal auch mit Ekel gemischt, ein wesentliches Element davon sein kann. Solche Männer lieben oft besonders schlanke, mädchenhafte Frauen, weil sie diese als ein «Gegenbild» zu ihren Müttern erleben. Wenn eine solche Frau sich plötzlich körperlich in «Mutter» verwandelt, kann es sein, dass diese Abwehr wieder lebendig wird und die Frau sie unangenehm zu spüren bekommt.

Hier kann sich eine wesentliche Aufgabe für den Mann stellen: Wenn eine solche unabgelöste und ambivalente Mutterbeziehung sehr tief sitzt, braucht er hier vor allem eine persönliche Psychotherapie. Aber ein wichtiger Schritt zur Bewältigung kann auch schon sein, sich von solchen Gefühlen einfach nicht bremsen und hemmen zu lassen. Positiv ausgedrückt heißt das: Obwohl er Abwehr spürt, sollte er dennoch die körperliche Nähe der Frau suchen. Sie bewusst berühren, ihr über den dicken Bauch streichen, mit ihr die beginnenden Kindsbewegungen fühlen, ihre schwellende Brust streicheln. Oft wird durch dieses Tun die Hemmung überwunden. Das aktuelle Spüren des üppiger werdenden Leibes der Frau kann wieder dazu führen, Lust zu machen, und die Aufmerksamkeit des Mannes positiv auf das kommende Baby und auf sein «Vater-Werden» ausrichten.

Nicht selten nimmt in dieser Phase *das Bedürfnis nach Sexualität bei der Frau deutlich ab*. Auch das kann für den Mann schwierig werden. Was ihn hier aber unterstützt, ist – für viele überraschenderweise – seine Biologie. Gerald Hüther schreibt in diesem Zusammenhang: «Vor und nach der Geburt lassen sich in seinem (des werdenden Vaters) Speichel erhöhte Werte von Prolaktin, Kortisol und Östrogen nachweisen, Hormone, die Umbauprozesse im Gehirn vorbereiten und mütterliches fürsorgliches Bindungsverhalten stimulieren.»[9] Der Mann ist also tatsächlich auch körperlich «ein bisschen schwanger»[10]! Dennoch kann es sein, dass er über diese Veränderungen in seinem Körper hinweggeht und betont in der Rolle «des jungen Helden» verharrt, weil er fürchtet, sonst seine Männlichkeit zu verlieren.

Aus dieser Unsicherheit heraus kommt es vor, dass Männer in diesem Stadium sogar fremdgehen und sich auf Außenbeziehungen einlassen. Eine größere Verletzung für die werdende Mutter als dies kann es aber wohl kaum geben! Auch hier wieder wird deutlich, wie wichtig der vorausgehende *gemeinsame* Entschluss zum Kind ist, denn ist der gefallen, dann ist dies eine gute Grundlage für den Mann, sich als werdender Vater allmählich mit der selbst gewählten Eltern-Rolle anzufreunden.

Verschiedene Autoren[11] merken in diesem Zusammenhang an, dass *Paare, die eher ein traditionelles als ein modernes Rollenbild haben, sich mit dieser Umstellung leichter tun.* Denn diese Paare haben sich spätestens ab der Hochzeit die Funktionen in der traditionellen Form aufgeteilt: Der Mann ist «draußen» für das materielle Überleben zuständig, die Frau eher nach «innen» orientiert und die Zuständige für Beziehung und Emotionalität. Für traditionell orientierte Paare ist außerdem klar, dass es nach der Hochzeit einfach dazugehört, Kinder zu haben und Mutter und Vater zu werden. Sie stellen ihr Zusammenwirken auf das Ziel hin, eine Familie zu werden, in den Vordergrund. Oder anders gesagt: sie «g'schirren» (schwäbisch) wie eingespielte Kutschpferde. Persönliche Bedürfnisse werden eher zurückgestellt. Modern eingestellte Paare streben dagegen eher individualisierte und gleichberechtigte Mann-Frau-Rollen und eine weiterbestehende Beziehung als «Liebespaar» an. Für sie kann es darum schwerer sein, sich nach einem gemeinsamen Entschluss zum Kind mit den neuen Rollen als Mutter und Vater zu identifizieren.

Für alle hier angesprochenen Themen ist es darum sehr nützlich, wenn nicht nur die Frau, sondern mit ihr zusammen auch der Mann einen der *Geburtsvorbereitungskurse* besucht, wie sie vor allem von Hebammenpraxen angeboten werden. Glücklicherweise wird es immer üblicher, solche Kurse ausdrücklich für *beide* Partner anzubieten. Für beide ist ja die neue Situation etwas, was sie noch nie «am eigenen Leibe» erfahren haben.

Darum können sie in solchen Kursen viele nützliche Informationen und hilfreiche Unterstützung erhalten. Auch sollten sie die Gelegenheit nutzen, das, was hier angesprochen wird, zu Hause in den oben bereits empfohlenen Gesprächen miteinander weiterzuentwickeln oder weiter zu konkretisieren. Es kann, wie oben schon erwähnt, sehr nützlich sein, im Gespräch immer wieder die Ereignisse der Geburt und was nachher sein wird auch *gemeinsam fantasierend vorwegzunehmen*. Sicher wird es nachher in vielem recht anders kommen, aber dennoch ebnen solche kleinen «Reisen in die Zukunft» auch Wege, die nachher leichter zu beschreiten sind, oder richten jedenfalls die Aufmerksamkeit auf das Neue, das auf die Partner zukommt.

Geburt

Die Geburt eines Kindes ist für Frauen ein zentrales oder oft sogar *das zentrale Ereignis* ihres Lebens, an das in seiner tiefgreifenden Intensität kein anderes heranreicht. Seit es üblicher geworden ist, dass auch die Männer bei der Geburt anwesend sind, hat sie an existenzieller Bedeutung und Intensität des Erlebens auch für sie stark zugenommen. Wir möchten im Zusammenhang mit der Geburt hier zuerst von der Situation der gebärenden Frau sprechen und uns danach stärker dem Mann und seiner Rolle in dieser Zeit zuwenden.

Die Geburt und die Identität der Frau

Für die Frau ist die Geburt ein Ereignis, das ihr *Selbstverständnis, ihr Selbstbewusstsein und ihre Identität* sehr stark berührt. So schön und erfüllend sie die Geburt im Nachhinein in Erinnerung haben mag, in der Situation selbst ist sie oft mit der kritischen Frage konfrontiert: Wer bin ich, und wie fähig bin ich als Frau?

Dafür gibt es mehrere Gründe: Oft macht die Frau im Zusammenhang mit der Geburt zum ersten Mal in ihrem Erwachsenenleben die Erfahrung totalen *Angewiesen-Seins* auf die Hilfe und den Beistand anderer. Wenn sie bisher darauf eingestellt war, mit allem vorrangig allein fertigzuwerden, und wenn sie nicht die innere Erlaubnis hat, auch mal schwach sein zu dürfen und sich auf andere zu verlassen (so wie es für Helen in ihrem Brief deutlich wird), kann sie das in eine erhebliche *Identitätskrise* stürzen. Freilich ist eine solche Krise auch eine große Chance, mit den eigenen bedürftigen Seiten in Kontakt zu kommen, was dazu beiträgt, dass bisher ausgeblendete Persönlichkeitsanteile gesehen und angenommen werden können.

Eine weitere Erfahrung, welche die *Identität der Frau* beim Geburtserlebnis selbst sehr stark tangieren kann: Wenn es nicht so läuft, wie gewünscht, wenn es konkrete körperliche Probleme gibt, wenn vielleicht sogar ein Kaiserschnitt nötig ist, kann es sein, dass sie sich als Frau zutiefst verunsichert fühlt. Vielleicht hatte sie als junge, sportliche Frau bisher ihren Körper ganz selbstverständlich im Griff – und jetzt, gerade in diesem entscheidenden Moment, «versagt» dieser. Sie hat den Eindruck, dass sie es nicht gut gemacht, dass sie als Frau und als Mutter versagt habe. Es liegt sehr nahe, sich dann mit anderen Frauen zu vergleichen, bei denen es angeblich problemlos ging, zum Beispiel mit der eigener Mutter. Bei diesem Vergleich kommt sie sich mitunter richtig schwach und mickrig vor.

Wenn sie außerdem noch selber Krankenschwester, Ärztin oder gar Hebamme ist, kann das zu einer harten Prüfung für das eigene Selbstwertgefühl werden. Aber auch hier besteht die Chance darin, das eigene Selbstwertgefühl nicht mehr so sehr von eigenem Vermögen und eigener Tüchtigkeit abhängig zu machen, sondern zu einer realistischen Annahme seiner selbst, so wie man eben ist, zu kommen. Eine sehr wichtige Rolle kann dabei der Mann spielen, und zwar dadurch, dass er solchem

Sich-Selbst-in-Frage-Stellen seiner Frau immer ermutigend entgegentritt und ruhig und unverbrüchlich zu ihr steht.

Die Rolle des Mannes bei der Geburt

Wie erlebt der Mann die Geburt? Wenn er *bei der Geburt dabei sein* kann, wird diese aller Erfahrung nach auch für ihn zu einem zentralen Lebensereignis. Und außerdem: Wir haben bisher noch kein Paar gesprochen, das die Anwesenheit des Mannes im Nachhinein nicht auch für die Beziehung sehr geschätzt hätte, weil dadurch die Geburt zu einem *gemeinsamen Ereignis für das Paar* wurde. Das hätte die Verbundenheit der beiden in ihrer Elternrolle für das ganze weitere Leben gefestigt, so wird oft berichtet. Aus beiden Gründen neigen wir dazu, eine solche Teilnahme der werdenden Väter den Partnern sehr zu empfehlen, wenn wir hier auf Zögern stoßen.

Manchmal haben *Frauen* Probleme damit, sich in dieser Situation – hilflos, vor Schmerz schreiend, blutend, womöglich unwillkürlich Exkremente ausscheidend – dem Mann zu zeigen. Und *Männer* haben schon von manchen Geschlechtsgenossen gehört, dass die nahe dran waren, dabei ohnmächtig zu werden, weil sie diese Situation kaum aushalten konnten. Hier sind sicher Schwellen, die Angst machen. Die andere Seite ist jedoch: Das Dabei-Sein des Mannes bei der Geburt schafft eine sehr zentrale Gemeinsamkeit von Anfang des Eltern-Seins an. Auch ist es für Frauen meist ein großer Trost, in dieser so existenziellen Situation den Mann in der Nähe zu spüren, vielleicht seine Hand zu halten, seine beruhigende und stärkende Stimme zu hören. Eine befreundete Hebamme charakterisierte das für eine Klinik-Geburt mit einem schönen Bild: *«Der Mann ist die mitgebrachte Hausgeburt.»*[12]

Die Gebärende braucht ihn also oft für ihr Gefühl, bei ihm aufgehoben zu sein, aber sie braucht ihn auch als «Brücke nach draußen»: Er soll es zum Beispiel manchmal übernehmen, mit

Hebammen und Ärzten zu reden, von ihnen Informationen einzuholen, die Frau (körperlich) zu stützen und (emotional) zu unterstützen. Alles soll sich dadurch «öffnen» dürfen – im bildhaften wie im wörtlich-biologischen Sinn!

So erleben Männer in sehr konkreter Form die Wichtigkeit ihrer partnerschaftlichen Anwesenheit. Und wenn sie dann das winzige *Neugeborene auf den Arm nehmen* und halten, dann ist dies häufig eine Erfahrung, die in dieser Intensität kaum mit anderen Erlebnissen zu vergleichen ist.

Allerdings: Auch wenn der Mann bei der Geburt anwesend ist, kann sich dennoch bei ihm ein Gefühl einschleichen, das auch in der ersten Zeit mit dem Kind zu Hause manchmal dominierend wird, nämlich das *Gefühl: Ich bin hier nicht so wichtig.* Ja, ich bin eigentlich überflüssig. Die Hebamme, der Arzt, die Schwestern, die haben das Sagen, ich bin eine Randfigur. Hier liegt zweifellos eine Aufgabe des Fachpersonals, den anwesenden Mann nicht von vornherein als Störfall oder überflüssig zu sehen, sondern als einen, der zum Geburtsgeschehen wesentlich dazugehört und der darum von ihnen immer wieder – durch Erklärungen und Informationen darüber – in den Prozess hineingenommen werden muss.

Vieles liegt aber auch an dem betreffenden Mann selbst. Natürlich soll er sich da, wo Fachleute gefragt sind, nicht in den Vordergrund drängen. Aber er kann durchaus selbstbewusst Stellung beziehen, wenn ihm etwas auffällt, ein Versäumnis oder etwas, das ihm zu fehlen scheint, erwähnen oder sich äußern, wenn er eine wichtige Information für das Fachpersonal hat. Und vor allem: Seine Aufgabe ist es, selbstbewusst *an der Seite seiner Frau zu bleiben.* Dabei ist «an der Seite seiner Frau stehen» sowohl im wörtlichen Sinn als auch im übertragenen zu verstehen: Für die Frau ist es ungemein beruhigend, ihn in «greifbarer» Nähe zu haben. Wenn dies manchmal aber nicht möglich ist, weil die Fachleute jetzt zu handeln haben und – wie etwa bei einem Kaiserschnitt – deshalb physisch kein unmittelbarer Platz in der Nähe seiner Frau ist, soll sie von ihm die Sicherheit haben: «Er ist da – sobald ich ihn brauche!» Das heißt zum Beispiel: dass er nicht einfach plötzlich verschwunden ist, ohne dass seine Frau weiß, wo er gerade ist und wann er wieder in ihrer unmittelbaren Nähe sein wird.

Dem Mann kommt hier – und auch in der nächsten Zeit zu Hause – *eine schützende, unterstützende, ja «bergende» Rolle* zu. Früher wurde diese Rolle meist von anderen Frauen wahrgenommen: von der Mutter der Frau, von weiblichen Verwandten, von engen Freundinnen. Das hat sich gewandelt, und darin spiegelt sich auch unser heutiges Verständnis von Paarbeziehung und Vater-Sein wider: Der Mann ist nicht mehr nur und allein für den «äußeren Rahmen» und für den Lebensunterhalt zuständig. Gleichwertige Vater-Rolle heißt auch Präsenz bei der Geburt und in der folgenden Zeit!

Die erste Zeit nach der Geburt

Die nun folgende Zeit zu Hause ist für das weitere Zusammenleben des Paares und der Familie ebenfalls von entscheidender Bedeutung. Nun sind sie plötzlich zu dritt! Auf diese Dynamik «Von der Zwei zur Drei» werden wir im nächsten Kapitel noch genauer eingehen. Hier geht es uns darum, die konkreten Situationen, die das Paar jetzt zu bewältigen hat, in den Blick zu nehmen und aufzuzeigen, wie ein gutes «Zusammenspiel» der beiden aussehen könnte.

Wochenbett

«Wochenbett» wird die Zeit der ersten acht Wochen genannt. *Diese Wochen sind Schonzeit.* Das heißt: Sie sollen freigehalten werden von anderen Verpflichtungen und Belastungen. Zunächst dienen sie natürlich dazu, dass die Mutter sich von den Strapazen der Geburt erholen kann. Außerdem ist dies eine ganz wichtige Zeit dafür, dass das Kind die Eltern und die Eltern das Kind kennenlernen. Für die Eltern heißt das vor allem, sich ins kleine Baby einfühlen zu lernen, es hat ja noch keine Möglichkeit, sich sprachlich mitzuteilen.

Feinfühligkeit ist sicherlich eine Fähigkeit, zu der manche Menschen mehr, andere weniger gut veranlagt sind. Aber Feinfühligkeit ist zu einem guten Teil auch erlernbar. Dafür ist es wichtig, dass die Eltern sich in dieser ersten Zeit Freiraum dafür schaffen, *das Kind durch Beobachtung ‹lesen› zu lernen* und es gemeinsam mit der betreuenden Hebamme zu wickeln, zu baden, zu beobachten.[13] Für die Mutter ist es in aller Regel leichter, die noch wortlose «Sprache» des Kindes zu «entziffern», denn sie ist in dieser Zeit durch die Schwangerschaft und durchs Stillen mit dem Kind körperlich noch eng verbunden. Aber das Baby «lesen lernen» ist auch eine ganz wichtige Aufgabe für die Väter. Sie sollten sich für diese erste Zeit Urlaub nehmen, auch wenn manche Vorgesetzte in den Betrieben einem solchen Ansinnen immer noch sehr wenig Verständnis entgegenbringen. Das Baby zu beobachten, es immer wieder auf den Arm zu nehmen, um seinen Körper zu fühlen und seinen Geruch zu riechen, seine Mimik zu unterscheiden, sowie seinen Ausdruck für Wohlgefühl, Hunger und das Bedürfnis, trocken gelegt zu werden, zu erkennen – das alles braucht Zeit und Engagement. Manchmal wird es auch nötig sein, dass der junge Vater seinen Platz beim Kind gegenüber der Mutter verteidigt, wenn diese schon einen gewissen Vorsprung in der Erforschung des «unbekannten Wesens» hat.

Auch sehr kleine Kinder sind schon neugierig und bereit, die Umwelt zu erforschen, wenn sie entsprechend angeregt werden. Weil Väter wegen ihrer weniger engen körperlichen Verbindung zum Kind im Vergleich zu den Müttern auch nach Ankunft des Babys stärker nach außen orientiert sind, haben sie eine besondere Eignung dafür, hier auch *entsprechende Anreize für das Kind* zu geben. So beginnt bereits in der allerersten Zeit jene Aufgabe, die Väter durch ihre engagierte Anwesenheit für die Kinder haben und auch später immer wieder haben werden, nämlich «die Brücke zu bauen von der nahen Beziehung zur Mutter hin zu Selbständigkeit und Autonomie», wie Gerald Hüther[14] so schön formuliert. Dies wird aber nur gelingen, wenn sie sich die Zeit nehmen, die es braucht, eine innige emotionale Beziehung zum Kind aufzubauen: durch Spüren des Kindes, durch Beobachtung und Deutung seiner Lebensäußerungen. Dadurch wird eine Ausgewogenheit mit der Mutter in der Beziehung zum Kind hergestellt, die für dessen weitere Entwicklung und auch für die spätere Präsenz des Vaters in der Familie grundlegend ist.

Bin ich als Mutter «gut genug»?

Bei nahezu jeder Frau taucht in dieser Zeit außerdem die bange Frage auf: «Kann ich dem Kind eine *ausreichend gute Mutter* sein?» («A good enough mother»[15]). «Schaffe ich es, das Kind mit allem zu versorgen, was es braucht, um gut aufzuwachsen?» Dies ist eine tiefe und existenzielle Sorge einer jeden Frau. Wenn sie sich manchmal gestresst fühlt, ihre Ruhe haben will, auch mal wütend wird auf den kleinen Schreihals, der sich nicht beruhigen lässt, kommt ihr schon einmal der Gedanke: «Ich schaffe es nicht, ich bin zu schwach, dem kleinen Wesen zu geben, was es braucht!» Gerade in solchen Stress-Situationen ist es wichtig, zu wissen, dass derartige Verunsicherungen nicht Zeichen persönlicher Unfähigkeit sind. Die Sorge «Bin ich eine gute Mutter?» bewegt nach D. Winnicott alle Frauen, die Mütter geworden sind, sie ist Ausdruck eines mütterlichen Urinstinkts, der das Überleben des Nachwuchses sicherstellen soll. Sein erleichterndes Fazit lautet darum: Es braucht *keine perfekten Mütter* für ein gutes Aufwachsen der Kinder, es reicht, *als Mutter «gut genug» zu sein.*

So ist es auch nur natürlich, dass für die junge Mutter in dieser ersten Zeit Menschen sehr wichtig werden, welche den Alltag mit einem Baby aus eigener Erfahrung gut kennen und ihr zur Seite stehen können, und das sind oft: die eigene Mutter, eine geliebte Tante oder Freundinnen, denen gemeinsam ist, dass sie solche Erfahrungen selber gemacht haben. Diese Frauen lädt die junge Mutter jetzt öfter zu sich nach Hause ein, öfter, als dem Mann vielleicht lieb ist. Sie spricht viel mit ihnen – ebenfalls mehr, als dem Mann vielleicht gefällt – und lässt sich von ihnen helfen und beraten: Und der Mann steht in diesem Moment «draußen». In früheren Zeiten war das ganz selbstverständlich. Die Männer spielten weder bei der Geburt selber noch für die Zeit danach eine Rolle. Geburt und alles «drum herum» war «Sache der Frauen». Das hat sich heute geändert. Die Wichtigkeit des Vaters in dieser ersten Zeit wird in der Einschätzung der Paare höher eingestuft. Dennoch ist die Tendenz immer noch spürbar: In dieser ersten, existenziell bedeutsamen und auch verunsichernden Zeit, in der alles für die junge Frau neu ist, bekommen diese anderen Frauen eine manchmal bedeutender erscheinende Rolle als der Ehemann.

Welche Rolle habe ich als Mann und Vater?

Diese Frage stellt sich darum für den Mann sehr häufig in dieser Zeit zu Hause nach der Geburt erneut und vielleicht noch dringlicher als in manchen Momenten während der Geburt. Es kann sein, dass er sich jetzt zeitweise für seine Frau wieder vollkommen unwichtig fühlt. Seine Aufgabe ist es darum, hier ein gutes *Wechselspiel von Nähe und Distanz* zu ihr zu finden. Das heißt, dass er Verständnis dafür hat und ein Stück zurücktritt, wenn seine Frau sich Unterstützung und Rat bei ihren Freundinnen oder ihrer Mutter holt und diese in der gemeinsamen Wohnung häufig präsent sind. Er kann sich dessen sicher sein, dass er – wenn auch manchmal etwas «im Hintergrund» – auch jetzt zentral wichtig ist für seine Frau: Wie wir schon gesagt haben, als «Schutz» nach außen, als Quelle emotionaler und ermutigender Zuwendung und als ein «Hort der Geborgenheit» für die Frau in ihrem Stress und ihrer Verunsicherung.

Wenn nun dieser oder jener männliche Leser einwendet, dass das ja schon ein wenig viel verlangt ist, so im Hintergrund zu bleiben und «nur» Unterstützung zu bieten, dann geben wir zu bedenken, dass es genau diese Art des Wirkens im Hintergrund ist, welche Männer oft bedenkenlos von ihren Frauen entgegennehmen. Auch in Zeiten von beruflichem Stress kann es notwendig sein, dass ein Partner für die Aufgaben und das Engagement des anderen seine eigenen Bedürfnisse zeitweise zurückstellt und ihm den «Rücken freihält». Aber Männer nehmen das in der Regel von ihren Frauen viel eher als selbstverständlich in Anspruch, als dies in manchen Phasen des gemeinsamen Lebens, wie zum Beispiel mit dem ganz kleinen Kind, ebenfalls anzubieten.

Wie es sich auswirken kann, wenn der Mann diese Rolle nicht einnimmt, zeigt sich auch im Brief Helens: Sie fühlt sich von Matthias völlig allein gelassen, weil er keinen Platz zu Hause als Partner und Vater findet, wobei sie ihm diesen Platz allerdings auch nicht einräumt. Hier entsteht nämlich auch *eine wichtige Aufgabe für die Frau*: dass sie ihrem Mann *seine* Art und Weise lässt, mit dem Baby umzugehen, es anzufassen, hinzulegen, auf den Arm zu nehmen usw. Helen schreibt an Matthias: «Was immer du mit Luisa gemacht hast, es war erstens nicht richtig und zweitens nicht genug …(Aber) eigentlich hätte ich es gebraucht, dass du es einfach auf deine Art machst und dich von mir nicht rumkommandieren lässt.»

Als Fazit stellen wir also fest: Nicht nur für die Entstehung einer tragfähigen Beziehung zum Kind, wie wir oben ausgeführt haben, sondern auch für den Gefühlshaushalt der Frau und damit den Erhalt der Paarbeziehung ist die engagierte und von der Partnerin zugelassene, ja ausdrücklich gutgeheißene starke Präsenz des Mannes in dieser Zeit von großer Bedeutung.

Für beide, den Mann und die Frau, steht die Zeit des Wochenbetts unter dem Vorzeichen *Bedürfnisverzicht.* Beide müssen bereit sein, zugunsten des Kindes und zugunsten des Wohlergehens des Partners auf einen Teil ihrer eigenen Bedürfnisse zu verzichten. Die Frauen müssen jederzeit abrufbereit sein für das Stillen des Babys, die Männer müssen auf Sexualität oder auch auf Freizeitvergnügungen verzichten. Das fällt dem einen leichter, dem anderen schwerer, je nach Persönlichkeitsstruktur und nach dem, wie es von den eigenen Eltern vorgelebt wurde. Wer sich schwertut mit dem Verzicht, ist aber noch lange kein Raben-Vater oder eine Raben-Mutter. Es ist nur wichtig, dass man nicht bis an die Extreme geht, denn «Selbstlosigkeit» kann auch übertrieben werden und solche Übertreibung mündet dann nicht selten in massive Vorwürfe gegen den «egoistischen» Partner. Allerdings gilt auch: Auf den eigenen Bedürfnissen zu bestehen, ohne Rücksicht auf den Partner zu nehmen, kann gerade in dieser Zeit tiefe Kränkungen beim anderen hinterlassen.

Krisenzeit für das Paar

Damit sind wir bei einem Thema angelangt, das uns jetzt ausführlicher beschäftigen wird: *die Paarbeziehung der jungen Eltern nach der Geburt des Kindes.* In den wissenschaftlichen Arbeiten zum Thema wird für alle untersuchten Paare eine zunächst erschreckende gemeinsame Erfahrung festgestellt: «Die Partnerschaftszufriedenheit nimmt nach der Geburt des ersten Kindes deutlich ab.»[16] Erwartungen an den Partner werden enttäuscht, die neue Aufgabenteilung, die man vereinbart, funktioniert nicht, und diese neu auszuhandeln, führt zu immer neuen Konflikten. Die Häufigkeit des sexuellen Kontakts nimmt drastisch ab. Modern eingestellte Paare können oft die etwas traditionellere Aufgabenverteilung, die nun vorübergehend nötig erscheint, nicht akzeptieren. Wenn außerdem dadurch in ihrem

Leben mit dem Kind unterschiedliche Erfahrungswelten entstehen, also wenn der Mann zum Beispiel jetzt ganz in den Beruf «abtaucht» und die Frau ganz vom Kind absorbiert wird, breitet sich Entfremdung zwischen beiden aus, Ärger auf- und Enttäuschung voneinander.

Was Helen an ihren Mann Matthias schreibt, ist also kein Einzelfall. Darüber erschrickt man. Bei genauerem Hinsehen stellt man allerdings fest, dass die Erkenntnisse aus den Studien auch ein wenig *zu relativieren* sind:

Erstens stellen viele Autoren[17] fest, dass auch bei kinderlosen Paaren die Intensität der Liebe – verglichen mit der ersten Zeit – auf die Dauer nachlässt, das heißt, auch für diese Paare nimmt die Beziehungszufriedenheit im Laufe der Zeit ab, auch ohne dass ein Kind als «Drittes» dazugekommen ist.

Zweitens werden vor allem jene Paare nach der Geburt des ersten Kindes stark «krisengeschüttelt», die schon vorher nicht bearbeitete Konflikte mit sich schleppten. Hier zeigt sich also deutlich, was wir oben bereits betont haben, wie wichtig es ist, dass Paare, bevor sie ein Kind in die Welt setzen, gut für ihre Beziehung sorgen.

Und es zeigt sich – drittens –, dass zwar auch Paare mit einer stabilen Beziehung durch deren Verschlechterung nach der Geburt des Kindes in eine Krise geraten können, aber damit konstruktiver und mit weniger Einbußen für ihre Beziehungsqualität umgehen.

Viertens zeigen die Studien, dass die Verschlechterung der Beziehung auch bei jenen Paaren nicht so stark ist, die vor der Geburt des Kindes, also vor allem in der Zeit der Schwangerschaft, schon in ihren Gesprächen vieles – die Zukunft vorwegnehmend – bereits durchgesprochen haben: welche Situationen mit dem Kind auf sie zukommen werden, wie die «neue Aufgabenverteilung» aussehen sollte, welche neuen Zuständigkeiten es zu Hause geben sollte und wie die gemeinsame Versorgung des Kindes sich gestalten könnte, wie die weitere berufliche

Laufbahn der beiden geregelt werden sollte bzw. ob und wer wie lange Baby-Pause macht, und dergleichen mehr.

Zwar zeigten sich in den Untersuchungen auch bei solchen Paaren krisenhafte Situationen nach der Geburt, weil vieles eben «doch anders kam», als man sich das vorweg vorgestellt hatte. Aber für die Beziehung als Ganze war der Übergang in die Familienphase nicht ganz so belastend.

Worin die Qualität einer Paarbeziehung besteht

Wenn ein Kind in eine Familie hineingeboren wird, bedeutet das immer eine starke Herausforderung für die Beziehung zwischen Frau und Mann. Hilfreich ist darum die Überlegung: Worauf sollten Paare vor allem achten – bevor ein Kind kommt und auch, wenn das Kind dann da ist –, damit ihnen diese Krise nicht «über den Kopf wächst»? Drei «Fähigkeiten» oder Verhaltensweisen der Partner werden in der Fachliteratur immer wieder hervorgehoben, was auch unserer Erfahrung entspricht: positive Zugewandtheit, zugestandene Autonomie und Elternkompetenz.[18]

Positive Zugewandtheit

Unter «positiver Zugewandtheit» versteht man schlicht und einfach die liebevolle Verbundenheit des Paares miteinander. Die Psychologin Johanna Graf untersuchte über einen Zeitraum von fünf Jahren hinweg Wechselwirkungsprozesse zwischen Paaren und ihren Kindern[19] und zählt folgende Elemente auf, die zu positiver Zugewandtheit gehören: emotionale und sexuelle Intimität, das Gefühl von Verbundenheit, gemeinsame Aktivitäten der Partner und die Fähigkeit, miteinander Beziehungsprobleme zu lösen. Wenn diese Zugewandtheit beider Partner zueinander schon vor der Ankunft des Kindes vorhanden war und gepflegt wurde, ist das eine sehr gute Voraussetzung dafür, dass sie auch nach dessen Geburt aufrechterhalten werden kann.

Es ist noch gar nicht so lange her, dass sich bei Paaren der Verlust dieser Intimität nach der Geburt eines Kindes dadurch anzeigte, dass die beiden einander plötzlich mit «Vati» und «Mutti» oder «Papa» und «Mama» anredeten. Aus dem Liebespaar wurden «ausschließlich» Eltern für das Kind!

Allerdings verlangt dies auch von Frau und Mann besondere Aufmerksamkeit, Initiative und manchmal auch Anstrengung. Konkret heißt das: Es braucht vor allem bewusste *Planung eigener «Paarzeiten»*, denn «von selber» – so wie vielleicht als kinderloses Paar – ergeben sich persönliche Gespräche und Unternehmungen der beiden Partner nicht mehr. Anfangs und während der Still-Zeit finden solche gemeinsamen Abende sicher noch *zu Hause und wenn das Kleine schläft* statt, später aber auch als *Zeiten des Paares außer Haus*. Zum Beispiel: «Wir bitten unseren Babysitter an diesem Abend zu kommen, damit wir miteinander mal essen gehen können, wir beide allein!» Oder: «Wir organisieren meine / deine Mutter für diesen Samstag, dass sie unser Baby übernimmt. Wir machen dann unseren Beziehungstag!»

Hier können den Eltern, vor allem den Müttern, die sehr viel schneller ein schlechtes Gewissen bekommen, Erkenntnisse der modernen Säuglingsforschung helfen: dass nämlich auch sehr kleine Kinder schon neugierig auf die Umwelt sind und es ihnen keineswegs schadet, wenn sich auch *andere liebevolle Bezugspersonen* um sie kümmern. Im Gegenteil: Sie bekommen dadurch Anregungen und neue Impulse, die für ihre Entwicklung, vor allem für ihre Autonomie, wichtig sind. Die kontinuierlich verlässliche Beziehung, die das Baby zu den Eltern braucht, wird dadurch nicht gestört, weil das Kind sie ja in der Regel immer wieder um sich hat. Und es ist leichter, geduldig mit dem Baby und seinen manchmal gezeigten «Marotten» zu bleiben, wenn man sich solche Zeiten ohne Kind zwischendurch gönnt; es ist leichter als aufreibende 24 Stunden am Tag mit ihm zusammen zu sein. Das heißt, es ist nicht nur für das Paar gut, sondern auch für das Baby!

Zugestandene Autonomie

Was versteht man unter «Autonomie» und genauer noch unter «zugestandener Autonomie»? Autonomie ist die Fähigkeit, sich den Freiraum zu schaffen, den jeder der beiden Partner für sich persönlich braucht. Es ist eine allgemeine Erfahrung, dass ein solcher individueller Spielraum heutzutage als viel wichtiger eingeschätzt wird, als dies in früheren Jahrzehnten der Fall war. Da stand, spätestens ab dem Zeitpunkt, als das Paar Kinder bekam, vor allem die *Bindung* des Paares im Vordergrund, und das hieß in erster Linie für die Frau: sich in der Mutter-Rolle zu engagieren und etwaige Wünsche nach «Selbstverwirklichung» und individueller Erfüllung zu verabschieden. Selbstverwirklichung als Frau wurde damals gerade in der Rolle der Mutter und Hausfrau für Kind und Mann gesehen und auch erlebt. Heute brauchen in aller Regel beide Partner autonomen Raum für sich, um in einer Beziehung auf Dauer zufrieden zu sein.

Johanna Graf geht sogar so weit, zu behaupten: Je mehr Autonomie sich die Partner gegenseitig zugestehen, desto eher wird auch eine positive Zugewandtheit erhalten bleiben. Es handelt sich also nicht um eine Art von gegen den anderen durchgesetzter Ellbogen-Autonomie («Heute gehe *ich* mal zum Stammtisch – weil *du* gestern ja den ganzen Vormittag beim Shoppen warst!»), sondern um *zugestandene* Autonomie. Also: dass ich es von mir aus dem Partner zugestehe – mehr noch: dass ich und *wie* ich ihn darin unterstütze, seine Autonomie zu leben. Es braucht diese *einander wechselseitig «zugestandene Autonomie»*, damit sich jeder Partner bei aller Selbst-Bestimmtheit beim anderen trotzdem gut in der Beziehung aufgehoben fühlen kann. Wir erkennen zugestandene Autonomie also am Maß an autonomen Entscheidungen des Einzelnen *und* auch am Maß der Unterstützung dieser Autonomie durch den Partner, ohne dass dieser freilich seine eigenen (eventuell konträren) Bedürfnisse dauerhaft hintanstellt.

Konkret: Wenn er zum Beispiel zu ihr sagt: «*Ich* übernehme jetzt das Baby, dann kannst *du* deine Freundin besuchen!» Oder sie zu ihm: «Es ist für mich in Ordnung, wenn ich am Wochenende mit dem Kind allein bin. Geh du nur mit deinen Kumpels wandern.»

Diese gegenseitig zugestandene Autonomie beschränkt sich aber nicht nur auf Unternehmungen außerhalb der eigenen vier Wände, sondern zeigt sich auch bei der Art, wie jeder mit dem Kind umgeht: «Ich akzeptiere deinen eigenen Stil mit den Kindern und unterstütze dich, indem ich mich nicht einmische.» Oder nehmen wir den Beruf: «Ich unterstütze und fördere – so du es willst – deine berufliche Weiterentwicklung». Und schließlich auch die Gefühle: «Ich gestehe dir eigene Gefühle, eine eigene Sicht der Dinge, ein eigenes Weltbild zu und unterstütze dich, indem ich dich nicht interpretiere, sondern nachfrage, wenn ich dich nicht verstehe.»

Nach Johanna Graf unterstreichen die Befunde ihrer Untersuchung, dass diese partnerschaftlich zugestandene Autonomie ein sehr viel stärkeres Gewicht besitzt, als es in der Forschung bislang gesehen wurde.

Damit Männer ihren Frauen Autonomie zugestehen können, müssen Frauen diese Freiheit natürlich auch nützen, oder anders gesagt: sich diese auch erlauben. Hier macht viel zu oft eine gewisse *Übermutter-Ideologie* den Frauen einen Strich durch die Rechnung. Manche Frauen erlauben sich nicht einmal zeitweise, das Kind anderen Bezugspersonen zu überlassen. Solche «Übermutter»-Vorstellungen sind besonders bei uns in Deutschland immer noch sehr verbreitet, wie auch aus dem Brief von Helen an Matthias hervorgeht. Sie kann nicht akzeptieren, dass er seine eigene Art hat, mit der kleinen Luisa umzugehen. Oft besteht das besonders schwierige Problem darin, dass die meisten dieser Frauen, die sich dem Kind und dem Mutter-Sein so stark verpflichtet fühlen, trotzdem den Anspruch nach individueller Autonomie nicht aufgegeben haben und so ständig hin-

und hergerissen werden. Womöglich machen sie sogar ihren Mann für ihr Dilemma verantwortlich, und der kann es ihnen dann gar nicht mehr recht machen. So haben wir es bei einem Arzt-Ehepaar erlebt, bei dem die Frau ständig ihren Mann mit Vorwürfen überhäufte, er sei ja nie zu Hause, die aber selber nicht den Mut hatte, in ihren eigenen Arzt-Beruf zurückzukehren. Die Frustration darüber versuchte sie in Kritik am Verhalten ihres Mannes abzuladen.

Zugewandtheit und zugestandene Autonomie: Hier gibt es Berührungspunkte mit dem, was wir bereits über die Polarität «Nähe – Distanz» ausgeführt haben (siehe oben, S. 34 ff.). «Nähe» bedeutet ja genau das, was wir mit «positiv zugewandt» benannt haben, und «Distanz» besagt ja vor allem: Raum individuell für sich zu haben, also nichts anderes als «Autonomie» – und zwar jeder für sich und als dem anderen zugestandene Autonomie. Die Balance von beiden Polen braucht es in jeder Beziehung, und das heißt, dass es für beide Partner, damit sie in ihrer Beziehung und mit ihrer jungen Familie zufrieden sein können, gut ist, in flexibler Bewegung in Richtung auf den einen Pol, dann wieder in Richtung auf den anderen Pol zu bleiben, also sich sowohl immer wieder dem anderen liebevoll zuzuwenden («Nähe» zu suchen) als auch sich und dem anderen autonome Spielräume zuzugestehen («Distanz» zu akzeptieren).

Elternkompetenz

Als drittes Element für Elternschaft und gelingende Paarbeziehung wird in der Forschung «Elternkompetenz» genannt,[20] und zwar als wichtiges Element nicht nur für das gute Aufwachsen der Kinder, sondern auch für die bleibende Zufriedenheit des Paares mit seiner Beziehung. Diese Kompetenz besteht im Wesentlichen darin, zu wissen, wie man in einer bestimmten Situation mit dem Säugling umgehen muss, zum Beispiel: «Wir wissen, was wir (alles) tun können, um unser Kind zu beruhigen». Solche Elternkompetenz ist auch für die Beziehung der Partner wichtig, denn wenn es einem oder beiden Partnern daran mangelt, liegt die Versuchung nahe, den anderen für sein Verhalten abwertend zu kritisieren. Dies führt wiederum dazu, dass sich auch das Paar als Paar in die Haare gerät und seine Partner-Liebe verletzt.

Im Baby-Alter vollzieht das Kind – gemessen an der übrigen Zeitspanne bis zum Erwachsen-Sein – eine besonders rasante Entwicklung. Das macht das Leben mit einem Neugeborenen so spannend und interessant, aber andererseits auch sehr unvorhersehbar. Besonders Menschen, die Struktur und Kontrolle lieben, also von sich aus zum Pol «Dauer» tendieren, so wie wir diesen oben beschrieben haben, können da schon schnell an ihre Grenzen kommen. Die Eltern sind daher nicht nur aufgerufen, das Baby *kennenzulernen*, sondern auch, sich *jeden Tag* auf Entwicklungsschritte und damit Veränderungen in den Bedürfnissen des Kindes einzustellen. Ein paar Wochen lang ist der Stillrhythmus absolut regelmäßig, Termine können vereinbart werden, die Nachtruhe ist gesichert – dann, von einem Tag auf den anderen, scheint das Kind wie ausgewechselt, nichts ist mehr sicher, keine Nacht vergeht mehr ohne stundenlanges Herumwandern und Beruhigen. Oder im anderen Fall: In den ersten Wochen nach der Geburt lassen sich Babys, wenn sie am Busen trinken, in der Regel durch nichts aus der Ruhe bringen. Dann auf einmal werden sie unruhig, jeder kleinste Laut scheint sie abzulenken. Sie lassen die Brustwarze los, schauen sich um, derweil ergießt sich die kostbare Muttermilch über Kleidung oder was sonst gerade in der Nähe ist, und es braucht eine Menge Geduld, um das Kind dazu zu bringen, mit dem Trinken fortzufahren. Die Konsequenz: Die Mutter muss sich mit dem Baby in ein ruhiges Zimmer zurückziehen, kann in dieser Zeit nicht mehr am Familienleben teilnehmen und ist auch für den Partner nicht mehr zu sprechen – immerhin bis zu sechs Stunden am Tag!

Wenn es den Eltern nicht gelingt, mit solchen Veränderungen gelassen umzugehen und darauf zu vertrauen, dass es auch wieder anders werden wird, dann werden sie in Stress geraten und sich gegenseitig dafür verantwortlich machen: «Du hast es zu sehr verwöhnt!» – «Musst du ausgerechnet staubsaugen, wenn ich stille?» – «Du hast es ganz durcheinandergebracht mit deinen wilden Hochwerf-Spielen!» und so weiter.

Das Baby erzieht seine Eltern zur Flexibilität und zur Bereitschaft, sich immer wieder neu auf den anderen und seine Bedürfnisse einzulassen. *Elternkompetenz* heißt also in dieser Zeit vor allem, diese Herausforderung gemeinsam anzunehmen und sich immer wieder gegenseitig über die neuesten Entwicklungen auf dem Laufenden zu halten.

Elternkompetenz heißt auch, die individuelle Eigenart des Babys anzuerkennen. Das verlangt, die Erwartungen, die man als Vater oder Mutter vor der Geburt an das Kind hatte, immer wieder zu hinterfragen. Die Frage ist also: Kann ich akzeptieren, dass mein Kind temperamentvoller, phlegmatischer, aggressiver, ängstlicher, freiheitsliebender, nähe-bedürftiger ist, als ich es mir vorgestellt hatte? Und vertraue ich darauf, dass auch mein Partner seine Erwartungen loslassen kann? Auch hier ist es wichtig, dass das Paar darüber im Gespräch bleibt. Wie viel Hilfestellung braucht unser Kind für seine Entwicklung, und wie viel Freiheit können wir ihm geben?

Viele Paar-Konflikte resultieren aus zu großen Unterschiedlichkeiten der Partner in solchen Erziehungsfragen. Auch hier spielen die jeweiligen Grundbedürfnisse der Eltern eine große Rolle: Wer als Nähe-Typ besonderen Wert auf Gemeinsamkeit und Verbundenheit legt, wird eher dafür plädieren, das Baby so wenig wie möglich sich selbst zu überlassen, wird es viel herumtragen wollen und, wenn es unruhig ist, sich sofort um es kümmern wollen. Dagegen wird der Distanz-Typ betonen, dass es für ein Baby eine notwendige Erfahrung ist, sich selbst beruhigen zu können, sich selbst beschäftigen zu können, selbst einschlafen zu können. Der oben schon definierte Dauer-Typ wird auf feste Tagesstrukturen bestehen, um dem Baby die Werte Beständigkeit und Sicherheit mit auf den Weg zu geben, und der spontane Wechsel-Typ wird es wichtig finden, dass das Baby lernt, seiner momentanen Lust zu folgen und Regeln auch einmal außer Acht lassen zu können. Für sich genommen ist keiner dieser Ansätze falsch. Wird er aber zum «Muss» und darf keine andere Meinung mehr gelten, dann wird dies den Bedürfnissen des Kindes nicht gerecht. Polarisierte Paare tun aber genau das: Jeder besteht auf seiner Ansicht und seinen Grundsätzen und fühlt sich persönlich angegriffen, wenn der Partner diese Grundsätze in Frage stellt.

Paare müssen in der Kinder-Erziehung lernen, trotz unterschiedlicher Ansichten zu kooperieren und Schritte aufeinander zuzugehen. Wenn sie die dazu notwendige Akzeptanz, Offenheit und Lernbereitschaft aufbringen, sind dies gleichzeitig Modelle für ihre Kinder, die diese in ihrem eigenen erwachsenen Leben gut werden gebrauchen können.

Um Erziehungskompetenz zu stärken, allzu gegensätzliche Positionen des Elternpaares zu relativieren und um sich auf die Erziehungsthemen der Kleinkinderzeit vorzubereiten, ist es auch sehr sinnvoll, einen der vielen Eltern-Kurse, die von unterschiedlichen Institutionen angeboten werden, zu besuchen. Das Angebot ist sehr reichhaltig, darum wollen wir hier nicht näher auf einzelne Erziehungs-Themen eingehen.

Was liebevolle Zugewandtheit und zugestandene Autonomie auch den Kindern bringen

Wir wollen hier nochmals zu den Themen «Zugewandtheit» und «Autonomie» zurückkehren und noch einen Aspekt erwähnen, den Paare wissen sollten: Zugewandtheit und Autonomie der Eltern nützen nicht nur diesen als Eltern- und Liebespaar, sondern auch den Kindern für ein gutes Aufwachsen, und dies ganz wesentlich! Das mag, was die «positive Zugewandtheit» der

Eltern zueinander angeht, sehr plausibel sein, wie wir gleich noch näher erläutern wollen. Aber für «zugestandene Autonomie»? Dabei geht es doch um den individuellen Freiraum der Erwachsenen! Dies könnte ja sogar so aussehen, als würde dabei auf das Kind wenig Rücksicht genommen und damit vielleicht sogar gegen seine Interessen und Bedürfnisse gehandelt.

Forschungen haben aber gezeigt, dass auch «zugestandene Autonomie» für die Kinder von Anfang an unterstützend und hilfreich ist, und zwar sehr wesentlich. Aber zunächst noch einige Bemerkungen zur Zugewandtheit des Paares und deren Bedeutung für das kleine Kind.

Partnerschaftliche Zugewandtheit wirkt sich «direkt und vermittelt über die Erziehungskompetenz aus. Kinder spüren … auch jenseits des konkreten Erziehungsverhaltens die zu Hause vorherrschende Atmosphäre, das Beziehungsklima zwischen den Eltern – vermutlich sogar, ohne dass beide Partner anwesend sind».[21] Das heißt: Entscheidend für das Wohlergehen der Kinder ist weniger, wie geschickt oder nicht so geschickt die Eltern im direkten Umgang mit diesen sind. Wichtiger ist das «emotionale Klima», das zu Hause insgesamt herrscht. Das geht sogar so weit, dass gar nicht beide Eltern anwesend sein müssen und dass das, was zwischen ihnen ist, gar nicht «direkt» wahrnehmbar wird. Auch Streitigkeiten und Auseinandersetzungen der Eltern in Anwesenheit des Kindes wirken sich nicht negativ aus, wenn dadurch die liebevolle Gesamt-Atmosphäre nicht gestört wird. Es ist also auch im unmittelbaren Interesse der Kinder, wenn die Eltern «aufmerksam gegenüber dem Partner … bleiben und sich ‹Inseln für die Paarbeziehung› schaffen, um so die Liebe wieder anzuregen und wach zu bleiben. Dieses ist eine der wichtigsten Aufgaben in der Bewältigung des Übergangs von der Paar- zur Familienphase». Das ist das Resümee einer Beziehungsforscherin[22] – dem haben wir nichts hinzuzufügen!

Erstaunlicher noch als dieses Ergebnis ist, was ebenfalls in der Forschung zutage gekommen ist:[23] dass auch die Autonomie der

Partner großen Einfluss auf die gute Entwicklung des Kindes hat. «Gemeinsam mit der positiven Zugewandtheit nimmt sie bereits Einfluss auf die Stimmungslage des dreimonatigen Babys»! Und umgekehrt «wirken sich die Einbußen an Selbständigkeit im ersten Jahr der Elternschaft (bereits) nachteilig auf die Entwicklung der Kinder aus.»[24] In den Untersuchungen zeigt sich, dass Kinder «trotz eines positiven Partnerschaftsklimas … bis zu ihrem dritten Lebensjahr immer schwieriger werden, wenn in der Partnerschaft … wenig Freiraum vorhanden» ist.[25] Dabei fällt auf, dass sich vor allem das Verhältnis der Väter zu den Kindern verschlechtert, wenn sie wenig Freiraum zugestanden bekommen, was wohl mit einer generell stärkeren Wertschätzung von Autonomie bei den Männern im Vergleich zu den Frauen zusammenhängt. «Während Frauen leichter die Intimität in Gefahr sehen, fürchten Männer eher um ihre Autonomie.»[26] Aber auch die Selbständigkeit der Mütter gewinnt im Lauf der ersten Jahre immer größere Bedeutung für die Kinder, und zwar spätestens beim Eintritt in den Kindergarten, wenn sie hier den ersten selbständigen außerfamiliären Lebensbezug zu bewältigen haben.

Warum ist das so? Wir haben schon ausgeführt, dass zugestandene Autonomie das Partnerschaftsklima unter den Eltern mitbestimmt und damit auch starken Einfluss auf das gute Heranwachsen der Kinder hat. Außerdem – und dies ist bei der Autonomie wahrscheinlich noch wichtiger als bei der Zugewandtheit – zeigt sich darin eine Wertschätzung von Autonomie, die auch auf die Autonomie-Entwicklung des Kindes Einfluss nimmt, weil sie die Eltern veranlasst, erste Eigeninitiativen des Kindes in Richtung Selbständigkeit zu unterstützen anstatt einzudämmen. Es ist ja Aufgabe der Eltern, den Kindern sowohl «Wurzeln» als auch «Flügel» zu geben.[27] Diese Flügel auszubreiten und eigene «Flugversuche» zu machen, ist schon sehr früh bei den Kindern grundgelegt, sodass Mutter und Vater immer wieder vor der Entscheidung stehen: «Unterstütze ich das, wenn der Kleine beginnt, selber zum Beispiel mit der Gabel zu hantieren, oder nehme ich sie ihm gleich aus der Hand, ‹weil er das ja noch nicht so richtig kann …›?»

Zum Schluss möchten wir noch einmal deutlich machen: Auch in der Phase der Familie mit noch recht kleinen Kindern sind liebevolle Zugewandtheit und zugestandene Autonomie für die Beziehungszufriedenheit des Paares und das Beziehungsklima zwischen den Partnern sehr wichtig. Sie haben aber auch sehr wesentliche Auswirkungen auf ein gutes Aufwachsen der Kinder, denn:

- Ein gutes Beziehungsklima hilft den Eltern, *Stress abzubauen,* und wirkt sich dadurch unmittelbar auf ihr liebevolles Verhalten den Kindern gegenüber und auf die gesamte Atmosphäre positiv aus, was von diesen intuitiv wahrgenommen wird und ihnen das Gefühl von Geborgenheit und Sicherheit gibt.
- Wenn hingegen zwischen den Eltern positive Zuwendung fehlt, besteht die Gefahr, dass vor allem die Mütter *überfürsorglich* werden. Überfürsorglichkeit bedeutet, dass es dabei nicht mehr um die wahren Bedürfnisse des Säuglings geht, vielmehr holen sich die Mütter dann häufig Zuwendung und ein eigenes Gefühl von Wichtigkeit vom Kind. Dies bewirkt zu große Abhängigkeit des Kindes von der Mutter und – vor allem später in seiner Entwicklung, als Gegenbewegung – oft Abwehr des Kindes bis hin zum Beziehungsabbruch.
- Wenn es daran fehlt, dass die Partner einander zu wenig Autonomie zugestehen, wird das Verhältnis des Kindes zu ihnen als Eltern gestört, weil diese innerlich unzufrieden werden und vor allem die Väter sich aus dieser Unzufriedenheit heraus häufig nach außen wenden und in der Familie dann zu wenig präsent sind.
- Außerdem: Wenn es zu wenig Autonomie der Eltern gibt, kann dies damit zusammenhängen, dass die beiden in ihrer Beziehung so symbiotisch aneinanderhängen, dass sie zu wenig emotionalen Freiraum für ihre Zuwendung zum Kind haben. Dann kann es zur Vernachlässigung des Kindes in sei-

nen zentralen Bedürfnissen kommen, weil die Eltern nicht die innere Freiheit haben, sich diesem zuzuwenden.

- Wenn die Partner auch noch in der Familienphase «gut miteinander können», vermögen sie auch schwierige Phasen mit dem Kind zu bewältigen, zum Beispiel wenn es viel schreit und sich nicht beruhigen lässt, wenn es nicht einschlafen will und dergleichen. So kann man mit Johanna Graf sagen: *«Es ist also sehr viel wahrscheinlicher, dass Kinder schwierig werden, wenn die Partner Probleme haben, als dass Paare Probleme bekommen, wenn Kinder schwierig sind.»*[28] Denn: *«Eine glückliche Partnerschaft (gibt) den Eltern Kraft für eine förderliche Erziehung.»*[29]

Das heißt also als Fazit aus den letzten Ausführungen: Wenn die Autonomie und Zugewandtheit, wenn Distanz und Nähe gut zusammenspielen, werden sich Paare *und* Kinder gut entwickeln.[30]

Zusammenfassende Empfehlungen und Ergänzungen für das Eltern-Paar

- Grundlegend für ein gutes Zusammenspiel des Paares und ein gutes Gedeihen der Familie in der darauffolgenden Zeit ist die *Präsenz des Mannes bei der Geburt und danach.* Darum unser Rat an werdende Väter: Verschaffen Sie sich möglichst Freiraum dafür. Dadurch bleiben Sie Ihrer Frau nahe und bekommen als Vater eine zur Mutter gleichwertige Bedeutung für das Kind, von Anfang an.
- Ein verbreitetes Missverständnis existiert, was die Zeit unmittelbar nach einem Kaiserschnitt angeht, in der die Frau und das Baby noch in der Klinik betreut werden. Viele Männer meinen, da (noch) nicht wichtig zu sein, und verlegen sich in diesen Tagen lieber darauf, zu Hause die Wohnung empfangsbereit zu machen. Die Realität ist allerdings, dass gerade in

dieser Zeit die Frau am meisten kontinuierliche Unterstützung braucht, die bei der knappen Personaldecke in der Klinik oft nicht zur Verfügung steht. Sie kann (und soll) ja mit der frisch operierten Bauchwunde das Kind nicht selbst aus dem Bettchen holen, braucht Hilfe beim Anlegen des Kindes an die Brustwarzen, beim Wickeln und Herumtragen. Nicht nur ist es eine große Hilfe für die Mutter, wenn der Vater hier Präsenz zeigt, es ist auch eine große Chance für ihn, sich in der Babyversorgung von Anfang an einen Vorsprung zu ergattern.

- Vereinbaren Sie miteinander zu Hause von Anfang an Paarzeiten und Paargespräche. Am Anfang dienen diese vor allem der *Rückschau* auf die Erfahrungen bei der Geburt. Dabei ist es wichtig, sich nicht zu kritisieren, sondern wechselseitig *Anerkennung* zu geben, also zum Beispiel zu betonen, wie gut die Frau diesen Prozess durchgestanden hat oder wie tapfer der Mann dabei ausgehalten hat und wie wichtig es für die Frau war, ihn in der Nähe zu spüren.
- Dazu kommt auch das Gespräch darüber, wie Sie beide jetzt zu Hause mit dem Baby umgehen wollen: Hier sollen Sie Fragen klären und unterschiedliche Auffassungen diskutieren, ohne den anderen für seine Meinung abzuwerten.
- Auch bestimmte *Zeiten für Sie als Paar und Ihre Liebesbeziehung* und deren Pflege zu Hause und auswärts sollten Sie nun zu besprechen anfangen. Hilfreich kann hier die Rückschau auf die Zeit *vor* dem Baby sein. Wenn Sie schöne Erinnerungen an gute Momente in dieser Zeit austauschen, kann dies auch jetzt Ihre Liebe als Paar wieder anregen. Dabei können Themen wie «Körperkontakt», «körperliche Zärtlichkeit» und «Sexualität» aufgegriffen und es kann beprochen werden, wie jetzt, wenn Sie zu dritt sind, dafür Zeiten und Hilfen von außen organisiert werden können.
- Achten Sie immer wieder bewusst darauf, dem Partner / der Partnerin *positive Zuwendung* in Worten, Gesten und zärtlichen Berührungen zu geben sowie *Autonomie für die Eigen-*

ständigkeit zuzugestehen, zum Beispiel durch die Ermutigung, sich Zeiten für eigene Interessen und Unternehmungen zu nehmen. Für das Partnerschaftsklima sind positive Zugewandtheit und zugestandene Autonomie entscheidend!

- Achten Sie auch immer wieder auf *Kooperation und klare Absprachen* bei der Organisation des äußeren Lebens und bei der Versorgung des Babys. Wenn dies einmal recht schwierig werden sollte (z.B. bei einem sehr unruhigen «Schreikind»), tragen Sie die Last *miteinander*. Sollte es Defizite im Erziehungsverhalten geben, kann man Elternkurse oder auch Beratung durch Hebammen in Anspruch nehmen. Seien Sie sich dabei aber immer bewusst: Das emotionale Klima zwischen den Partnern ist für das Kind bedeutsamer als das konkrete Erziehungsverhalten!
- Und: Machen Sie sich bei der Erziehung des Kindes nicht durch die Fülle der unterschiedlichsten Anweisungen und Ratschläge verrückt, die heute in Literatur, Fernsehen, Zeitungen und auch Kursen gegeben werden und die sich nicht selten sogar widersprechen. Folgen Sie auch der eigenen Intuition und dem eigenen Gefühl, diskutieren Sie auch mit dem Partner darüber.

4. Kapitel Familie: Ein neues «Ganzes» entsteht

Wenn durch das Kind aus dem Paar eine Familie wird, entsteht ein neues Ganzes, das lange Jahre Bestand haben soll – zumindest bis das Kind «aus dem Gröbsten raus» ist und die Eltern nicht mehr (so intensiv) braucht. Wahrscheinlich benötigt die Spezies Mensch für diese «Familienphase» im Vergleich zu anderen Lebewesen sogar die längste Zeit und die meiste Energie. Der Mensch kommt unfertig und hilflos auf die Welt und ist daher auf Schutz und Nahrung angewiesen. Andererseits muss das Kind in kurzer Zeit eine ganze Menge lernen – da ist das Laufen-Lernen bei weitem nicht die größte Herausforderung. Es muss auch lernen, wie Beziehungen funktionieren, also auch, wie man sich Freunde erwirbt und so irgendwann unabhängig von den Eltern werden kann. Es muss lernen, wie Partnerschaft funktioniert, wie ein Mann mit einer Frau umgeht und eine Frau mit einem Mann – dazu gehört auch, das eigene Geschlecht kennenzulernen und die damit verbundenen Rollenerwartungen. Das bedeutet: Der neue Erdenbürger braucht auf der einen Seite feste Bezugspersonen, bei denen er Geborgenheit findet und die ihm Modelle bieten für gutes Verhalten, auf der anderen Seite braucht er den nötigen Freiraum für eigene Versuche, für Scheitern und nochmal Probieren nach dem Trial-and-Error-Prinzip.

Aber nicht nur das Kind braucht Freiraum – auch die Eltern, das haben wir im vorigen Kapitel erläutert, könnten die «Brutpflegearbeit» nicht durchhalten, würden sie sich nicht gegenseitig Freiraum zugestehen und gleichzeitig durch liebevolle Zugewandtheit ihre Liebe zueinander lebendig halten.

Und noch ein Drittes muss die Familie leisten: Sie muss als Gesamtheit wachsen können. Sie muss lernen, wie ein Schiff auf hoher See mit Sturmböen wie auch mit Windflauten zurechtzukommen. Dazu muss sie lernen, Kurs zu halten, das GPS oder zumindest den Kompass zu bedienen, das heißt im übertragenen Sinn, entsprechende Hilfsmittel in Anspruch zu nehmen. Die Herausforderungen für die Familie als Ganzes sind manchmal vorhersehbar, manchmal aber auch nicht: Krankheiten wollen überwunden, ein Umzug organisiert oder gar ein Haus gebaut werden. Wenn Arbeitslosigkeit von einem oder beiden Partnern die gesamte Familienplanung und den gemeinsamen Alltag durcheinanderbringt, müssen die Kraftreserven aller herhalten. Und schließlich gilt es, wenn die Kinder aus dem Haus gehen, das «Voneinander-Loslassen» zu bewerkstelligen, und für das Paar kommt es darauf an, sich neue Inhalte zu schaffen. Gemeinsam zu wachsen heißt, sich gegenseitig Stärken zur Verfügung zu stellen und damit Schwächen auszugleichen; es heißt weiterhin, bereit zu sein, Familienregeln aufzustellen und sich auch daran zu halten; es heißt aber auch, immer wieder situativ bereit zu sein, Regeln und Strukturen im Interesse des gemeinsamen Wachsens zu verändern.

Gemeinsames Wachsen dient auch gleichzeitig jedem einzelnen Teil der Familie. Die Hebamme H.M. Heinemann formuliert es so: «Mit der Geburt eines Kindes wandeln sich Frau und Mann unumkehrbar zu Mutter und Vater. Sie müssen als *neue* Menschen erneut eine Bindung eingehen.»[31] Das heißt, nicht nur das Kind wird neu geboren, auch das Paar und seine Liebesbeziehung sowie die Eltern und ihre Elternbeziehung werden neu geboren.

Um sich in diesem vielschichtigen Entwicklungs- und Veränderungsprozess zurechtzufinden und ihn aktiv mitzugestalten, kann es sehr hilfreich sein, sich die in der Familienforschung und -therapie erarbeiteten Strukturen und Regeln, nach denen ein Familiensystem «funktioniert», genauer anzusehen. Dies wollen wir nun tun, um deutlich zu machen, wie ein Zusammenspiel zum Wohl aller und zur Weiterentwicklung der ganzen Familie am besten gelingen kann.

«Dyade» und «Triade»: Aus zwei werden drei

Das «Dritte» als Störung und Chance

Erinnern Sie sich an eine (Mädchen-)Freundschaft, die wesentlich komplizierter wurde oder gar daran scheiterte, dass noch eine Dritte dazu kam? Oder an eine Freundschaft zwischen zwei Jungen, die durch ein neue Freundschaft eines der beiden mit einem Mädchen auf eine harte Probe gestellt wurde? Wenn aus zwei drei werden, kommt meistens erst einmal etwas aus dem Gleichgewicht, die sogenannte *Homöostase*, wie dieses mit dem Fachausdruck heißt, wird gestört. Die Vertrautheit zu zweit, die Einigkeit, der Schulterschluss gegenüber «den anderen, die nicht dazugehören», alles dies löst sich erst einmal auf – muss sich auflösen und Platz machen: «Du bist zwar nicht von Anfang an dabei gewesen, aber jetzt gehörst du auch dazu». Die Öffnung des bisher stabilen «Zweierbündnisses» auf den Dritten hin wird begleitet von nun wechselnden Zweier-Bündnissen. Das löst Unsicherheit beim jeweiligen Dritten aus: «Gehöre ich noch dazu, oder bin ich nur das dritte Rad am Wagen?» Der Familientherapeut Bert Hellinger hat den Satz geprägt: «Nichts fürchtet der Mensch mehr, als nicht dazuzugehören!»[32]

Etwas Ähnliches geschieht auch, wenn ein Kind geboren wird und nun im Leben eines Paares eine Rolle zu spielen beginnt. Dann ist aus der bisherigen Zweiheit eine Dreiheit geworden. In der Fachsprache der «Systemischen Therapie» stehen die Ausdrücke *Dyade* und *Triade* für «Zweier-Beziehung» bzw.

«Dreier-Beziehung» oder die «Beziehung zwischen zwei Menschen» bzw. die «Beziehung dreier Menschen zueinander». Der Einfachheit halber werden wir im Folgenden diese Fachbegriffe öfter verwenden als die komplizierteren deutschen Umschreibungen dafür.

Ganz allgemein gesagt sind Triaden in aller Regel *komplizierter und krisenanfälliger* als Dyaden. Dreierbeziehungen haben fast immer die Tendenz, unausgewogen zu werden, weil zwischen zweien im «Dreieck» eine engere Beziehung besteht oder im Laufe der Zeit entsteht als zum Dritten. Der fühlt sich dann im Dreieck am Rand oder aus diesem sogar *ausgeschlossen* und erlebt die beiden anderen *im Bündnis miteinander,* und zwar häufig sogar im Bündnis *gegen* ihn, was man in der systemischen Therapie eine *Koalition* nennt. Wenn diese zwei schon vor dem Entstehen der Triade eine engere Beziehung zueinander hatten, dann kann es auch sein, dass sie um die Beziehung zum «Dritten» jetzt zu *konkurrieren* beginnen und deshalb miteinander in Konflikt geraten.

Der Prozess von der Dyade zur Triade kann allerdings auch *etwas Befreiendes für einen oder beide Partner* der ursprünglichen Dyade haben, wenn nämlich diese Dyade als einengend und dadurch unfrei erlebt wurde. Durch den «Dritten», der dazukommt, wird sie aufgelockert, und es gibt *mehr Spielraum* für den Einzelnen. Positiv kann sich das Dazukommen des Dritten auch auswirken, wenn die Dyade erstarrt ist, zum Beispiel in den ständig gleichen Konventionen oder gleichbleibenden Abläufen. Durch den Dritten lassen sich diese nicht mehr aufrechterhalten, werden durcheinandergebracht. Das kann als Krise erlebt werden, ist aber unter Umständen eine Krise, die sehr heilsam für die beiden Partner der Dyade ist. Was heißt dies alles für die Triade: Mutter – Vater – Kind?

Das Kind in der Triade: Die Chance zu guter Entwicklung

Für das hinzugekommene Kind bedeutet die Triade die große Chance, sich gut zu entwickeln. Die triadische Struktur ermöglicht ihm nämlich, mehr als *ein* Gegenüber zu haben und damit – überschaubares – Anschauungsmaterial für die Verschiedenheit von Menschen. Das ist viel anregender als die Zweiheit mit nur einem Elternteil. Außerdem können Kinder in der Hinbewegung zum einen Elternteil die Fortbewegung vom anderen praktizieren und gleichzeitig erfahren, dass der «Verlassene» wohlwollend bleibt und sich beide Eltern an der wachsenden Eigenständigkeit des Kindes freuen. Heute weiß man, dass Babys schon im Alter von zwei Monaten das Bestreben haben, einen Dritten in die Interaktion mit der Mutter mit einzubeziehen.[33]

Für das Kind ist die Triade also entwicklungsfördernd, da sie neben dem Element der *Geborgenheit* auch das Element der Öffnung auf das Neue hin bietet und damit auch Impulse zur Entwicklung von *Autonomie* gibt. Wenn die Eltern «erlauben» oder sich sogar daran freuen, dass das Kind sich auch dem anderen Elternteil zuwendet, ist darin ja die Botschaft enthalten: «Du darfst hinausgehen in die Welt, etwas Neues erleben, lernen und dann zurückkommen und ich/wir geben Dir wieder Geborgenheit.» Voraussetzung dafür ist natürlich, dass zumindest dauerhaft keine Konkurrenz der Eltern untereinander um den Zugang zum Kind besteht und auch keine einseitigen Verbündungen, Koalitionen, gegen den jeweils anderen Elternteil stattfinden, das Kind also frei ist, sich mal dem einen, mal dem anderen oder beiden gleichzeitig zuzuwenden.

Das braucht wohlwollendes Zuschauen und Dabei-Sein des einen Elternteils, wenn der andere auf seine Art den Umgang mit dem Kind gestaltet. Die Botschaft der Mutter an das Kind lautet dann: Ich bin auch dabei und finde es toll, wenn der Papa mit dir spielt, dich wickelt, füttert; oder von Seiten des Vaters:

Mir gefällt es, wenn die Mama dich stillt, mit dir redet, dich in den Schlaf wiegt.

Die Mutter in der Triade: Sich einlassen und – loslassen!

Wenn man Schwangere fragt, auf was sie sich am meisten freuen, wenn das Kind da ist, dann kommt oft die Antwort: «Dass mir das Kind so nah sein wird wie sonst kein Mensch. Dass ich es versorgen kann und erkennen kann, was es braucht. Dass ich seine Entwicklung begleiten und erleben kann, wie es wächst und lernt … usw. Oft steht erst an zweiter Stelle: dass ich zuschauen kann, wie mein Partner das Kind umsorgt, pflegt, erzieht, und ich mich daran freue.

Nach der Geburt ihres Kindes konzentrieren sich die Mütter auf die Aufgabe, die *Bindung zum Kind aufzubauen*. Das ist sehr wichtig, weil die Bedürfnisse des Babys von ihr erkannt werden müssen, sie muss die «Sprache» des Babys lernen, um zum Beispiel zu unterscheiden, wann das Baby gestillt werden will und wann es aus einem anderen Grund weint. Je schneller sie sich in die Äußerungen des Kindes einliest – umso schneller wird sie sich in ihrer mütterlichen Fähigkeit bestätigt wissen und ruhiger und gelassener werden.

Allerdings: Eine gut funktionierende Triade ist immer einem «*gleichseitigen* Dreieck» ähnlich: Die Abstände der Eltern zum Kind, und das heißt ihre Nähe und Distanz zu ihm, sollen nicht dauerhaft zu unterschiedlich sein. Damit dies gelingt, sollte sich die junge Mutter schon von Anfang an *auch im Loslassen* üben. Damit gibt sie dem Baby die «Erlaubnis», sich auch dem Vater zuzuwenden, und sie schafft Raum für den Vater, seinen Platz im Dreieck einzunehmen. Gleichzeitig erhält auch sie dadurch mehr Freiraum, um für sich selbst zu sorgen und sich von der anstrengenden «Brutpflege» zu erholen.

Worin zeigt sich das Loslassen?

Ein Ratschlag von Hebammen an junge Mütter lautet: «Wenn Ihr Partner sich um das Kind kümmert – binden Sie sich die Hände hinterm Rücken zusammen und kleben Sie sich den Mund zu!» Will sagen: Lassen Sie ihm seine eigene Art, mit dem Baby umzugehen. Immerhin hat er 50 Prozent des Genmaterials beigesteuert, und wenn er so ein Unhold wäre, dass er mit einem Baby nicht einfühlsam umgehen könnte, hätten Sie ihn bestimmt nicht als Vater des Kindes ausgewählt. Sicher hat das auch Grenzen, wenn der junge Vater aus Unkenntnis dann doch den Autositz falsch herum fixiert oder das Baby zu warm oder nicht warm genug anzieht. Aber abgesehen von solchen Vorkommnissen soll er Gelegenheit haben, seine eigene Art des Umgangs mit dem Baby zu entwickeln.

Loslassen der Mutter heißt auch – und das hört sich zunächst recht banal an – schlafen. In den ersten Wochen nach der Geburt leiden Mütter durch das nächtliche Stillen, die Nachwirkungen der Geburt und die zusätzliche Arbeit mit Wickeln und In-den-Schlaf-Wiegen des Babys unter chronischem Schlafmangel. Dennoch scheint es tausend Gründe zu geben, die gegen eine zusätzliche Stunde Schlaf sprechen (sei es mittags, abends oder morgens), selbst wenn eine hilfsbereite Person sich bereit erklärt, nach dem Baby zu schauen. «Ich mache lieber noch schnell die Küche, während das Baby schläft, vielleicht wacht es ja gleich auf und braucht mich!» – «Mein Mann braucht doch seinen Schlaf, der muss morgen bei der Arbeit fit sein!» Mit solchen «Botschaften an sich selbst» verhindert die junge Mutter, dass sie ihrem eigenen Bedürfnis nach Schlaf und Ausruhen nachgehen kann, verstärkt damit ihre «Allein-Zuständigkeit» für das Kind und kann selbst nicht regenerieren. Depressive Verstimmungen nach der Geburt bis hin zu handfesten Depressionen stehen meistens mit einem zu großen Schlafdefizit in Zusammenhang (vgl. dazu A. Dunnewold und D. G. Sanford[34]).

Auch beim Haushalt und beim Kochen gibt es viele Möglichkeiten loszulassen – nämlich: von zu großen Ansprüchen an Perfektion. Eine junge Mutter erzählte einmal, dass sie im Hausflur einen Staubsauger bereitgestellt hatte, und jeder Besucher war eingeladen, erst mal eine Runde zu saugen. Das ist sicher nicht für jede der richtige Rat – wir wollen jedoch darauf hinweisen, dass es dem Wohlbefinden der jungen Mutter guttut, Hausarbeit und Kochen so einfach wie möglich zu gestalten.

Außerdem: Sobald sich der Stillrhythmus des Kindes etwas eingespielt hat, bekommt die Mutter auch Freiraum außerhalb des Hauses: für einen Spaziergang allein – kräftig ausschreiten und tief Luft holen! – oder für einen kurzen Plausch mit der Nachbarin oder für entspannende Tätigkeiten im Garten. Später wird es möglich, abends mit der Freundin auszugehen, sich wieder einmal beim Stammtisch zu zeigen, Sport zu treiben, sich einen Lesenachmittag zu genehmigen bis hin zum freien Wochenende, um mit einer Freundin wandern zu gehen oder sich im Wellness-Hotel verwöhnen zu lassen.

Warum fällt Müttern das Loslassen oft so schwer?

Vor allem dann, wenn die Mutter sich ihrer «Mütterlichkeit» noch sehr unsicher ist, kann es sein, dass sie zu sehr am Kind «klebt» und zwischen ihr und dem Baby ein zu enges und andere ausschließendes Bündnis oder eine «Koalition» entsteht, die den Vater ausschließt. Vielleicht ist sie selber noch sehr jung oder sie hat eine komplizierte Schwangerschaft und/oder Geburt hinter sich und vertraut daher ihrem Körper und ihrer natürlichen Mütterlichkeit nicht mehr (siehe dazu auch Kapitel 3, S. 45 f.). Aus dieser Unsicherheit heraus betont sie ihre enge Beziehung zum Kind ganz besonders. Ein weiterer Grund kann auch sein, dass die Beziehung zum Vater des Kindes schon in der Schwangerschaft Schaden gelitten hat. Die unbefriedigten Bedürfnisse aus der Partnerschaft überträgt die Mutter dann auf das Kind.

Die unausgesprochene Botschaft der Mutter an das Kind lautet dann nicht: Geh hinaus in die Welt und sei glücklich! Sondern: Bleib bei mir und mache *mich* glücklich!

Ein weiterer Grund für eine zu enge Koalition zwischen Mutter und Kind kann in der Herkunftsfamilie begründet sein. Vielleicht hat es die eigene Mutter schon so gehandhabt, dass sie die Tochter zu stark an sich gebunden hat. Oder auch die Mutter hat schon unter einem nicht zugewandten Partner gelitten und ihre Bedürfnisse auf das Kind übertragen. Oft erleben wir einen solchen Effekt, wenn sich die Eltern der jungen Mutter getrennt hatten, als diese noch ein kleines Kind war, und die Mutter dem getrennten Vater des Kindes den Zugang zum Kind verweigert und/oder die Tochter gegen den Vater aufgebracht hat. Auch eine solche einseitige Vereinnahmung kann auf die nächste Generation Auswirkungen haben.

Eine zu große Nähe zwischen Mutter und Kind kann auch dadurch gefördert werden, dass durch einen Umzug des Paares in der Schwangerschaft die Mutter ihre sozialen Kontakte verloren hat, meist zeitgleich auch die beruflichen Kontakte und die Anerkennung, die mit der beruflichen Tätigkeit verknüpft ist. Dann ist zu befürchten, dass nach der Geburt das Baby alles, was fehlt, ausgleichen muss.

Der Vater in der Triade: Seinen Platz einnehmen – von Anfang an

In den Paartherapien beobachten wir sehr oft folgende Entwicklung nach der Geburt des ersten Kindes: Die jungen Väter hatten sich auf die Zeit nach der Geburt gut vorbereitet. Sie hatten sich für die ersten Tage, manchmal auch sogar für Wochen nach der Geburt freigenommen. Kinderzeit bei ihrem Arbeitgeber zu beanspruchen, war für sie gar keine Frage gewesen. Sobald aber die Frau mit dem Neugeborenen nach Hause kommt, wird widerstandslos der Platz des gleichberechtigten

Elternteils geräumt. Dann degradieren sich Männer, was den Umgang mit dem Kind angeht, allzu bereitwillig zu Assistenten der Frauen.

Das mag mit einem gewissen Dominanzanspruch der Frauen zu tun haben, wie wir oben beschrieben haben – allerdings würde das nicht ausreichen, wenn nicht auch eine Tendenz dazu bei den Männern da wäre, oft auch aus Unsicherheit mit der neuen Situation und/oder aus Bequemlichkeit, der Frau die Entscheidungen zu überlassen. «Sie kennt sich ja schon mit allem aus – warum soll ich mir eine eigene Meinung bilden? Sie hat sich ja schon in der Schwangerschaft so viel damit beschäftigt, wie das Kind gewickelt werden muss, wie man es herumträgt, ob es in Bauchlage oder in Rückenlage schläft … usw. Ich würde nur alles verkomplizieren!» Solche Väter verlegen sich dann lieber darauf, es so zu machen, wie es sich die Frau vorstellt.

Damit übergeben sie aber gleichzeitig die ganze Verantwortung an die Frau. Die meint nun, dass es auf sie allein ankommt. Zwar gibt dieses Arrangement ihr mehr Kontrolle, sie kann sicher sein, dass der Mann nur ihr verlängerter Arm ist und keine eigenen Ideen mit einbringt – zum Beispiel auch mal vor dem Fernseher mit dem Baby auf dem Bauch ein Nickerchen zu halten, obwohl die Mutter das Baby vor der «Glotze» so lang wie möglich bewahren will. Oder wenn er ein Spielchen mit dem Kleinen beginnt, obwohl die Mutter überzeugt ist, dass es dringend an den Busen muss. Aber wenn er im Hinblick auf eigene Ideen nichts «riskiert», kommt die Gleichwertigkeit von Mutter und Vater in eine gewisse Schieflage. Dadurch kann es dann im Weiteren leicht passieren, dass sich diese Muster verfestigen und die Triade aus den Fugen gerät, weil die Beziehung zwischen Mutter und Kind immer enger wird, während der Vater mehr und mehr außen vor bleibt.

Nun könnte man argumentieren, dass sich das später schon wieder geben wird, wenn das Kind etwas größer ist, nicht mehr so zerbrechlich für die großen Männerhände, wenn man es mitnehmen kann und dem Sohn oder der Tochter die Welt zeigen kann: auf dem Spielplatz, beim Wandern, beim Klettern, im Fußballstadion … usw. Aber Achtung! Man darf nicht unterschätzen, welche Bedeutung der Vater *von Anfang an* hat: Hier werden sehr oft die Weichen auch für seine Beziehung zum Kind in der Zukunft gestellt.

Wir haben es schon aus Sicht des Kindes erläutert: Die Dreiergruppe Vater-Mutter-Kind hat eine, für die Entwicklung des Kindes wichtige und konstruktive Funktion. Der Dritte – der Vater, wenn er als Vater wirklich präsent ist – relativiert die enge Beziehung zwischen Mutter und Kind und macht sie dadurch flexibler. Es ist also im Interesse der Kinder – nicht nur zur Entlastung der Frau – ganz wichtig, dass Väter sich einmischen, mitmischen, Kontakt aufnehmen und ihre spezifischen Möglichkeiten, mit dem Kind umzugehen, einbringen.

Das aber auch noch aus einem anderen Grund: Väter sind auch unersetzbar für die *Entwicklung einer stabilen Geschlechtsidentität des Kindes* als Mädchen oder Junge.[35] Für das Mädchen ist der Vater der erste Mensch des *anderen* Geschlechtes, dem es begegnet und der eine herausgehobene Bedeutung in seiner Geschichte hat. Wie unbefangen und selbstbewusst ein Mädchen sich später als Frau Männern gegenüber fühlen und verhalten wird, das hat viel damit zu tun, ob sie sich als Wesen des anderen Geschlechts für diesen Vater als wertvoll und wichtig erlebt hat oder als unbedeutend oder gar mangelhaft. Wenn durch nicht vorhandene Präsenz des Vaters Resonanz von diesem fehlt, wird dieses Fehlen der Resonanz vom Kind nicht nur als Fehlen, sondern als negative Rückmeldung erlebt. Das Mädchen fühlt sich in seinem Frau-Werden und Frau-Sein dann eher in Frage gestellt als bestätigt.

Für den Jungen wiederum ist der Vater das erste Wesen des *gleichen* Geschlechts. In ihm spiegelt er sich als werdender Mann wider. Von ihm erhält er Nahrung für sein Selbstwertgefühl als heranwachsender Mann, oder aber dieses Selbstwertgefühl bleibt ohne Nahrung und wird durch Abwesenheit, Kritik oder Ablehnung des Vaters untergraben. Für ein gutes Gefühl zu sich selbst als späterer Mann und Vater ist es für den Jungen entscheidend, ob er seinen Vater als zugewandt, interessiert und liebevoll erlebt hat oder aber als abweisend, fordernd, konkurrierend oder «nicht vorhanden».

An dieser Stelle ist es Zeit zu erwähnen, dass parallel zur jungen Mutter und ihrer Mütterlichkeit auch beim jungen Vater der Begriff Väterlichkeit nicht von Anfang an mit klaren Inhalten gefüllt ist. Auch für ihn beginnt jetzt erst die Ausgestaltung einer neuen Identität mit den dazugehörigen Fragen: Was für ein Vater will ich sein? Welche Werte möchte ich weitergeben? Was habe ich selbst für einen Vater gehabt? Und was will ich im Rückblick ähnlich weiterführen und was auf keinen Fall? Wo Frauen eher zur Überfürsorglichkeit tendieren, haben Männer es oft mit dem tradierten Modell des «distanzierten und vor allem für Strenge und Konsequenz zuständigen Vaters» zu tun. Im Österreichischen Männerbericht 2005 heißt es: «Einerseits wird (*von den Vätern*) die individuelle Gestaltung der väterlichen Rollenvorstellungen unabhängig von gesellschaftlichen Vorbildern betont, andererseits greifen die Väter bei der Charakterisierung ihrer Väterlichkeit auf traditionelle Rollenattribute wie Verlässlichkeit und Verantwortung zurück, bei denen sich Männlichkeit und Väterlichkeit gegenseitig befördern.»[36] Diese Attribute erlebten die Väter wiederum von ihren eigenen Vätern am ehesten. «Keiner der Väter beschreibt den eigenen Vater als in Zeiten der frühen Kindheit besonders engagiert, eher distanziert.»[37]

Männer, die mit ihren Babys kuscheln, die sie baden, füttern, wickeln, könnten sich also weniger männlich vorkommen, wenn sie nicht unterscheiden zwischen ihrer Rolle als Vater und ihrer Rolle als Mann. Wir werden darauf im Zusammenhang mit der Rollenmuster-Beschreibung im 6. Kapitel noch zurückkommen.

Männer geraten auch ins familiäre Abseits, wenn sie sich im Beruf übermäßig engagieren; aus dem Gefühl der Verpflichtung heraus, ab jetzt oder wenigstens für die nächste Zeit die materielle Basis und das Überleben als Familie *allein* sichern zu müssen: «Wer weiß, ob meine Frau je wieder Fuß fassen wird in ihrem Beruf, dann kommt es allein auf mich an» – mit diesem mehr oder weniger bewussten inneren Antreiber verfallen Männer leicht der Haltung, ab jetzt im Beruf «alles» zu geben. Den Arbeitsplatz sichern, die Karrierechance nicht vertun, nicht Nein sagen bei lohnenden Aufträgen, auch wenn das heißt, das Wochenende durchzuarbeiten. Woran es dabei leider oft fehlt, ist die Abstimmung mit der Partnerin. «Ich mache das alles ja nur für die Familie», ist die Ausrede, und wenn dann die Partnerin mit Einwendungen kommt, fühlt er sich allein gelassen in seinem Heldenkampf und verteidigt sich mit Gegenvorwürfen: «Du hast ja keine Ahnung, wie es da draußen zugeht!» Oder noch schlimmer, weil zynisch: «Deine Probleme möchte ich mal haben!» So oder ähnlich kann man sich auch Konflikte zwischen Helen und Matthias, dem eingangs geschilderten Paar, vorstellen. Damit entfernen sich die Welten der beiden voneinander, oder besser gesagt: Er macht sich allein mit seinen Sorgen und Nöten und traut der Frau immer weniger zu, sich in ihn hineinfühlen zu können, auch wenn sie früher im Beruf durchaus «ihren Mann gestanden hatte.»

Fängt die Frau dann wieder an zu arbeiten, fällt es Männern oft dennoch schwer, aus dem inzwischen eingeschliffenen Muster wieder auszusteigen, sie vorbehaltlos zu unterstützen und den gleichgewichtigen Part an Kinderbetreuung und an Hausarbeit zu übernehmen. «Natürlich unterstütze ich dich», hören Frauen von ihren Partnern in der Phase des Wiedereinstiegs, allerdings viel zu oft mit dem fatalen Zusatz: «solange du das mit den Kindern organisiert bekommst.» Diese innere Verpflichtung, dieser innere Antreiber stammt – ohne dass sich die Männer dessen meist voll bewusst sind – aus dem Erleben ihrer

Kindheitssituation, aus der sie das Verhalten ihres Vaters als Modell verinnerlicht haben und das sie in dieser ähnlichen familiären Situation selber zu kopieren beginnen.

Für Männer, die solchen inneren Druck bei sich bemerken, kann es natürlich sehr hilfreich sein, sich solche «geheimen» Motivationen bewusst zu machen, Hinweise der Frau in diese Richtung ernst zu nehmen, Vertrauen ins Leben zu entwickeln und auf Notwendigkeiten ihrer Lebenssituation «hier und jetzt» stärker zu achten: Im Vordergrund sollte jetzt die Entstehung einer möglichst ausgewogenen Mutter-Vater-Kind-Beziehung stehen. Dann bleibt die Dreierbeziehung, um im Bild des Dreiecks zu bleiben, «gleichseitig» oder wird es immer wieder, und das Kind wächst im Schutz beider Elternteile auf, was ihm Sicherheit und Geborgenheit vermittelt wie nichts anderes im Leben.

Bündnisse und Ausschluss

Der Ausschluss des Mannes aus der Triade

Die Präsenz des Mannes in der Triade hat aber auch für die Lebendigkeit der Paarbeziehung eine nicht zu unterschätzende Bedeutung. Von Männern, die als Väter nicht vorhanden sind, fühlen sich die Frauen allein gelassen. Sie sehen dann oft die einzige Möglichkeit, noch emotionale Zuwendung zu bekommen, mit dem Kind ein immer ausschließlicheres «Bündnis», eine «Koalition», wie es im Fachjargon heißt, einzugehen, aus der sich der Mann dann ausgeschlossen fühlt. Das untergräbt auch die Partnerliebe. Und außerdem: Im väterlichen Engagement des Mannes für das Kind und in seiner Freude an diesem erlebt die Frau auch ein intensives Ja zu ihr selbst, zu einem Teil von ihr, zum Leben, das sie hervorgebracht hat, und das wiederum inspiriert sehr häufig auch die erotische Liebe, wenn das Paar nicht durch die allgemeine Familiensituation so gestresst ist, dass dafür keine Energie mehr vorhanden ist. Engagierte Väter sind für ihre Frauen in der Regel auch attraktive Männer. Dass dies so bleibt, dazu trägt auch wesentlich eine «gleichseitige» Triade bei, in der es keine ausschließenden «Koalitionen» gibt.

Der Ausschluss der Mutter aus der Triade

In letzter Zeit begegnen uns allerdings auch hin und wieder Familienkonstellationen, in denen sich die Mutter ausgeschlossen fühlt, weil eine zu enge Koalition zwischen Vater und Kind entstanden ist. Dies ist zwar in der ersten Zeit der jungen Familie viel seltener als eine Koalition zwischen Mutter und Kind mit Ausschluss des Vaters, kommt aber in der heutigen Zeit «moderner Väter» durchaus auch ab und zu vor. Wir bringen ein Beispiel, das uns in der letzten Zeit begegnet ist.

Claudia und Timo waren ein Paar Anfang dreißig. Die beiden hatten sich erst einige Jahre zuvor für ein gemeinsames Kind entschieden, und «es klappte» auf Anhieb. Die kleine Mary mit ihrer drolligen Art bezauberte die beiden von Anfang an. Für beide Partner war es klar, dass sie als Eltern gleichwertig für das Kind sorgen, aber auch einer vollwertigen Berufstätigkeit nachgehen wollten. Sie schafften es, sich von Anfang an die Aufgaben so zu teilen, dass dies auch möglich war.

Timo war es ganz wichtig, sich auch zu Hause beim Kind zu engagieren, und anfangs fühlte sich Claudia dadurch sehr unterstützt und entlastet. Allerdings hatte sie in ihrem Beruf immer wieder konflikthafte Phasen, die sie belasteten. Timo dagegen hatte es da viel leichter, er konnte seinen beruflichen Stress gut bewältigen, er vermochte alle seine Kräfte zu mobilisieren, und die Arbeit erschöpfte ihn nicht, weil er seine Aufgaben so gut bewältigte. So kam er in der Regel gut gelaunt und voller Elan nach Hause, wo er sich dann voll und ganz der Versorgung seiner geliebten Mary widmete. Auf diese Weise wurde er immer mehr zur «besseren Mutter», und er entwickelte und lebte hier immer mehr seine versorgenden Seiten, nicht nur der kleinen Mary, sondern immer mehr auch seiner Frau gegenüber, die oft so müde, gestresst und lustlos nach Hause kam.

Einerseits tat ihr dann die Versorgung durch Timo sehr gut, andererseits aber fühlte sie sich als Mutter beim Kind immer mehr «ausgebootet» und erlebte Timo als Konkurrent bei Mary. So verlor er als Mann für sie immer mehr an Attraktivität. «Ich wünsch mir keine Mutter für mich, sondern einen Partner, der als Mann an meiner Seite steht», klagte sie. Und außerdem: «Er nimmt mir meinen Platz als Mutter von Mary weg!» Diese Klagen verletzten Timo sehr, und das schuf eine immer größere Distanz zwischen den beiden. Erst unser Echo darauf – wie wir und die Mitglieder der Therapie-Gruppe, an der die beiden teilnahmen, ihn erlebten – eröffnete ihm allmählich ein Verständnis für die Nöte seiner Frau.

Was beiden Eltern außer dem Gesagten auch noch sehr helfen kann, ist der gemeinsame freundschaftliche Kontakt zu anderen Paaren, denen es gelungen ist, ein einseitiges Bündnis eines Elternteils mit dem Kind in ihrer Triade nicht entstehen zu lassen. Denn diese können Hinweise geben, wie man so etwas vermeidet bzw. eine gleichwertige Beziehung beider Eltern zum Kind fördert.

Wenn das Kind ausgeschlossen wird

Wir haben bisher davon gesprochen, dass Schieflagen, «ungleichseitige Dreiecke» in der familiären Triade entstehen, dass Mutter und Kind oder heutzutage auch manchmal Vater und Kind eine zu enge Beziehung zueinander entwickeln, eine Art Bündnis, aus dem der andere Elternteil ausgeschlossen ist. Wir greifen aber auch noch eine dritte Möglichkeit der Schieflage in der familiären Triade auf, die zum Glück auch nicht häufig entsteht, aber dennoch erwähnenswert ist: Wenn nämlich das Kind ausgeschlossen wird, weil eine zu enge Koalition zwischen den Partnern besteht und das Kind emotional vernachlässigt wird. Dadurch werden seine Grundbedürfnisse nach Nahrung, Schutz, Anregung und Ruhe nicht genügend befriedigt und unter Umständen muss es viel zu früh schon als «kleiner Erwachsener» herhalten, der sich mehr um die Bedürfnisse der Eltern kümmert, als dass seine Bedürfnisse Beachtung finden würden.

Unterschiedliche Ursachen kommen für diese triadische Konstellation in Frage: Entweder war das Kind unerwünscht und bleibt das auch nach der Geburt; oder die genannte Konstellation entsteht aus dem schlechten Gewissen der Frau, dass sie den Mann zu sehr vernachlässigen könnte; oder beide Elternteile sind selber vernachlässigte Kinder gewesen, die keine oder zu wenig Elternliebe erfahren haben, sodass sie kein Modell haben, das ihnen in ihrer eigenen Mütterlichkeit und Väterlichkeit Orientierung gibt.

Zum ersten Fall, wenn das Kind von beiden ursprünglich *nicht erwünscht* war: Es sei hier erwähnt, dass sich das bei vielen Paaren auch ändert. Wenn das Kind auf der Welt ist, gewinnt es die Herzen der beiden oder wenigstens das eines der beiden: durch seine Art der Anschmiegsamkeit, durch seine drolligen und originellen Lebensäußerungen und überhaupt durch sein ganzes gewinnendes «Wesen». Manchmal bleibt es aber auch doch auf Dauer im Herzen der Eltern unerwünscht. Um diesen Fall soll es hier gehen. Wenn die Nichtakzeptanz – vor allem durch *beide* Elternteile – eine bleibende ist, kann der Geborgenheitsraum nicht entstehen, den das Kind braucht. Kleine Kinder müssen sich «willkommen» fühlen, darin erleben sie eine Akzeptanz auf einer sehr grundlegenden Ebene: die Akzeptanz ihrer Existenz schlechthin.

Der zweite Fall, die *Vernachlässigung des Kindes aus schlechtem Gewissen* der Frau ihrem Partner gegenüber, ist manchmal zu beobachten, wenn die Frau das Kind gegen dessen ausdrücklichen Willen bekommen hat – zum Beispiel, indem sie ihn bei der vereinbarten Verhütung getäuscht oder gegen dessen Willen das Kind «behalten», also die Schwangerschaft nicht unterbrochen hat. Wenn die Ablehnung des Mannes auch nach der Geburt anhält und die Frau es nicht schafft, daraus die Konsequenz zu ziehen und sich zum Beispiel von ihm zu trennen, dann kann es sein, dass sie aus schlechtem Gewissen darüber, die Wünsche des Mannes übergangen zu haben, nun alles tut, um ihm keinen weiteren Bedürfnisaufschub zuzumuten. Stattdessen versucht sie nun, ihm alles rechtzumachen. Zum Beispiel bleibt sie bei ihm im Bett, auch wenn das kleine Kind verzweifelt schreit, weil es etwas Wichtiges dringend braucht, und ähnliche Situationen, die sich immer wieder wiederholen.

Im dritten Fall, dem der *Eltern, die selber vernachlässigte Kinder waren*, fehlen diesen gute Modelle für Elternfürsorge, und sie brauchen oft auch noch sehr viel seelische Kraft, sich als Partner gegenseitig emotional zu versorgen, sodass für das Kind/die Kinder nicht mehr genug übrig bleibt.

In diesen Fällen ist es vor allem nötig, sich der jeweiligen Defizite rechtzeitig bewusst zu werden und die nötigen Konsequenzen daraus zu ziehen, und das heißt wohl in der Regel: dass die Partner offen und ehrlich miteinander sprechen, dass sie sich in der Kinderbetreuung durch Hilfe von außen Entlastung und Unterstützung verschaffen, und wohl auch: dass sie möglichst bald Therapie für sich selber in Anspruch nehmen, um auf irgendeine Weise diese destruktive Dreierkonstellation zum Besseren zu verändern.

Zusammenfassend ist zu sagen: Für das Gelingen der Triade sind also die Eltern verantwortlich. Es gilt, achtsam zu sein, dass kein Mitglied der Familie dauerhaft außen vor bleibt oder sich ausgeschlossen fühlt. Auf der anderen Seite, und darauf wollen wir jetzt den Blick werfen, soll die «Zweiheit» deswegen nicht außer Kraft gesetzt werden. Das Eltern-Paar, Mutter-Kind und

Vater-Kind, sollen sich auch als zwei im Gegenüber erleben können, nur muss darauf geachtet werden, dass die Abgrenzung den anderen Familienmitgliedern gegenüber nicht starr, sondern *freundlich* stattfindet.[38] Sowohl die Dyaden, also die Zweierbeziehungen in der Familie, als auch die Triade als Ganze sollen sich zu einem lebendigen Organismus zusammenfügen, in dem jedes Mitglied Eigenständigkeit *und* Verbundenheit gleichzeitig spürt. Dabei ist es entscheidend, wie die Grenzen innerhalb der Familie gestaltet werden. Von dem Philosophen Wilhelm Schmid stammt der Satz: «Nur was begrenzt ist, lässt sich füllen.»[39] Wir wollen nun verdeutlichen, welche Grenzen der Familie guttun und wie sie beschaffen sein müssen, damit sie den Interessen der einzelnen Familienmitglieder und dem ganzen Gebilde Familie gerecht werden.

Grenzen in der Familien-Triade

Warum eine Familie Grenzen braucht

Menschliche Gemeinschaften – oder «Systeme», wie es in der Fachsprache heißt – sind meist in sich weiter untergliedert. Man spricht von «Teil»-Systemen oder (in der Fachsprache) *Subsystemen*, aus denen sich ein Gesamtsystem zusammensetzt. Subsysteme innerhalb einer Familie sind zum Beispiel: Mann und Frau als Paar, oder der Mann als Vater in seiner Beziehung zum Kind, und entsprechend die Frau in ihrer Beziehung als Mutter zum Kind. Wenn mehrere Kinder da sind, kann man sie ebenfalls als Subsystem, als «Geschwister-Subsystem» des Gesamtsystems «Familie», sehen.

In einem solchen System ist es für das «Funktionieren» des Ganzen und für das Wohlgefühl der Menschen, die diesem angehören, wesentlich, dass diese «Subsysteme» einerseits voneinander klar abgegrenzt sind und anderseits in lebendiger Verbindung zueinander stehen. Das heißt: nicht nur nach außen, damit das System nicht zerfällt, sondern auch innerhalb des Systems und zwischen den Subsystemen untereinander muss es *klare Grenzen* geben. Diese gliedern das Ganze des Systems und machen es zu einem lebendigen «Organismus».

Oder anders gesagt: Die Beziehungen innerhalb der Subsysteme müssen für alle deutlich erkennbar sein und ihren eigenen, unverwechselbaren Charakter haben. Sie dürfen, ja sollen sogar hin und wieder den anderen gegenüber abgegrenzt werden: Wenn der Vater beispielsweise zu den Kindern sagt: «Heute ist Papa-Tag. Da bin ich für euch verantwortlich und organisiere für uns einen schönen Tag. Mama ist heute mit ihren Sachen beschäftigt, die lasst ihr mal in Ruhe.» Oder die Mutter zum älteren Sohn: «Heute gehen nur wir beide auf den Spielplatz und lassen den kleinen Karli mal bei Papa». Oder auch wenn der Mann zum Beispiel zur Frau sagt: «Meine Eltern haben gerade angerufen – sie wollen auf einen Sprung vorbeikommen. Ich habe ihnen gesagt, dass ich es zuerst mit dir besprechen werde. Was meinst du, passt es uns, wenn sie kommen?» Hier betont der Mann die Grenze um das «Subsystem Paar»!

Grenzen um die Subsysteme brauchen diese Klarheit, weil sie dem zwischenmenschlichen Kontakt erst wirklich Qualität und Tiefe verleiht und damit die Bindung fördert. Andererseits müssen diese Grenzen aber auch *durchlässig* sein. Was heißt das? Gemeint ist hier eine gewisse Flexibilität oder Verhandelbarkeit der Grenzen, damit der Ab-gegrenzte sich nicht aus-gegrenzt fühlen muss. Lukas M. Moeller bezeichnet – wie vorhin bereits zitiert – solche Grenzen als *freundliche* Grenzen[40]. Wenn der Mann an seinem Papa-Tag allerdings rigoros darauf besteht, dass die Frau aus dem Haus geht – auch wenn sie ihre «Freizeit» gern im Liegestuhl auf der Terrasse nützen würde –, und wenn er noch dazu nicht bereit ist, irgendwelche Termine mit ihr abzustimmen, dann zieht er eine starre, undurchlässige, *unfreundliche* Grenze seiner Frau gegenüber.

Wenn es an Klarheit fehlt, *verschwimmt* die notwendige «Ordnung» im System. Wenn Grenzen aber zwar klar sind, aber *undurchlässig* werden, fällt das Gesamt-System letztlich auseinander, weil es ihm an innerem Zusammenhalt fehlt.[41]

Einem konkreten Beispiel dafür begegnen wir in dem Brief Helens an Matthias. Da schreibt sie aus ihrem Erleben und aus ihrer Sicht: «Was *Du* mir schuldig geblieben bist – darüber könnte ich Seiten füllen: angefangen damit, dass Du Dich, vor allem seit Luisa auf der Welt ist, immer weiter von uns entfernt hast und in Deiner Arbeitswelt verschwunden bist. Dort bist Du bei allen der beliebte Kollege, für jeden ein offenes Ohr! Und zu Hause tust Du nur das Nötigste und verdrückst Dich am liebsten hinter den PC. Du lässt mich allein mit so vielen Entscheidungen, die zu treffen sind – die Tagesmutter für Luisa aussuchen, ob und wenn ja, wie viel ich wieder in den Beruf einsteige, sogar unsere Urlaube plane ich inzwischen allein! So habe ich mir unser Familienidyll nicht vorgestellt!» Dass sich so etwas in den seltensten Fällen nur einseitig, nämlich hier von Seiten des Mannes, vollzieht, wie Helen es darstellt, gilt natürlich auch in diesem Fall. Das wird später auch von ihrer Seite her klar, wenn sie zum Beispiel schreibt: «Damals hätte ich Dir viel deutlicher zeigen sollen, wie sehr ich mir Deine Unterstützung wünschte. Du hast sicher gedacht: Das macht die ganz allein – da braucht die mich nicht dabei.»

Hier sind die Grenzen zwischen den beiden auf der Partner-Ebene erstarrt, und das geht nicht selten Hand in Hand damit, dass sich die *Grenzen zwischen Elternsystem und Kind verwischen*, weil das Kind emotional zu nahe an einen der Partner heranrückt, häufiger zur Mutter als zum Vater. Verräterisch in diesem Zusammenhang ist nicht selten der Sprachgebrauch der Frauen. Sie sprechen häufig von «wir» – ohne Unterscheidung zwischen sich und dem Kind, zum Beispiel in Formulierungen wie: «Du kümmerst dich gar nicht mehr um *uns*». Sie nehmen sich und das Kind als eine quasi gleichwertige Einheit zusammen.

Auf der einen Seite haben wir also hier und in ähnlich gelagerten Fällen *zu starre Grenzen* im System: nämlich zwischen den Eltern, die auf der «Paar-Ebene» keine Verbindung mehr zueinander haben und häufig auch auf der «Elternebene» nicht mehr wohlwollend miteinander kooperieren. Auf der anderen Seite *verwischen sich die Grenzen,* nämlich vor allem die zwischen den Generationen, mehr und mehr, weil sich die Eltern – oder einer der beiden – an den Kindern emotional «schadlos» halten wollen.

«Starre Grenzen» heißt immer: Es gibt keinen – oder jedenfalls keinen liebevollen – Kontakt mehr zwischen den voneinander abgegrenzten Subsystemen und Einzelpersonen. Und verwischte Grenzen heißt: Es gibt *zu wenig* Abgrenzung zwischen diesen beiden. Beiden Defiziten gegenüber muss betont werden: In menschlichen Systemen, also besonders auch in Familien, braucht es sowohl *klare als auch gleichzeitig durchlässige, flexible, eben freundliche Grenzen.*

Eltern-Ebene und Paar-Ebene

Vom Zeitpunkt an, da das Kind auf der Welt ist, ist noch eine weitere «Grenze» innerhalb der Familie zu ziehen, nämlich die zwischen den *Eltern* und dem *Paar* – und das für die gesamte noch kommende Zeit, vor allem wenn noch weitere Kinder geboren werden, die Frau wieder berufstätig wird und der Existenzaufbau der Familie alle voll in Anspruch nimmt. Wir erleben in Vorträgen und Seminaren immer wieder, dass die Unterscheidung zwischen «Eltern» und «Paar» bei Teilnehmern zunächst Überraschung auslöst. Es handelt sich ja nicht nur um dieselben Personen, die Unterscheidung bezieht sich ja auch auf die gleiche Dyade von Mann und Frau. Trotzdem besteht zwischen beiden ein großer Unterschied.

Wir sprechen darum auch gerne von Eltern-«Ebene» und Paar-«Ebene». Dieselben Personen befinden sich einmal hauptsächlich auf der einen, ein andermal auf der anderen «Ebene». Leider stellen wir fest: Je größer und komplexer die familiären Aufgaben und Verpflichtungen werden, desto leichter wird die «Paar-Ebene» vergessen und vernachlässigt. Frau und Mann sind dann womöglich immer noch ein gutes Eltern-Team, oder auch ein gutes «Arbeits- und Organisations-Team», aber beim Thema «Liebes-Paar» ist Fehlanzeige!

Die Unterscheidung zwischen Eltern-Ebene und Paar-Ebene ist deshalb so wichtig, weil sie uns immer wieder ins Bewusstsein bringt: Beides sind *unterschiedliche* Ebenen! Zur «Paar-Ebene» gehört die intime, körperliche, auch sexuelle Beziehung, also die Liebesbeziehung. Sie braucht, wenn sich durch das Kind die Dyade zur Triade erweitert, in aller Regel besondere Beachtung, Aufmerksamkeit und Pflege, damit sie existent und lebendig bleibt. Von dem amerikanischen Paarforscher John Gottman wird die drastische Formulierung überliefert: «Eine Paarbeziehung wird von selber schlechter.»[42] Er meint damit: Durch die vielen Verpflichtungen eines Paares mit Kindern, vor allem auch die Bemühung um deren gute Versorgung, aber auch durch Existenzaufbau und berufliches Engagement sowie auch durch den Alltagstrott ist die Gefahr sehr groß, dass die ganz persönliche Beziehung von Mann und Frau auf der intimen Ebene in den Hintergrund gerät und sie auch füreinander nur noch «Mama und Papa» sind – wie Paare sich in früheren Zeiten ja auch oft angeredet haben, sobald sie Eltern wurden.

Eine Paarbeziehung braucht, damit dies nicht geschieht, bewusste Aufmerksamkeit und engagierte Pflege, so wie sie ein guter Gärtner seinen Pflanzen zukommen lässt. Sonst lebt das Paar dann entweder nur noch als Eltern- und Arbeitspaar zusammen – meist aber dann in großer Unzufriedenheit und voneinander frustriert – oder es kommt sogar zu bitteren Trennungen, die natürlich auch zum Schaden der Kinder sind. Aber auch wenn die Beziehung ohne eine solche Trennung immer mehr erkaltet oder ständig konflikthafter wird, verschlechtert dies – wie wir immer wieder hier gesagt haben – das Klima in der Familie, und das ist für Kinder oft noch schlimmer als offenkundige Konflikte oder sogar eine Trennung, wenn sie fair und ohne dauerhafte Rachemaßnahmen der Partner gegeneinander durchgeführt wird.

Die klare Unterscheidung von Eltern-Ebene und Paar-Ebene ist also keine theoretische Angelegenheit. Sie muss sich konkret verwirklichen: in persönlichen Gesprächen nur zwischen Mann und Frau, in denen Themen wie Haushalt, Kindererziehung, Berufsstress und Reparaturen vorübergehend zum Tabu erklärt werden und stattdessen immer wieder der jeweilig Umgang mit «positiver Zugewandtheit» und «zugestandener Autonomie» bilanziert wird. Weiter sollte sich die Paarebene auch verwirklichen in gemeinsamen Paar-Zeiten mit gemeinsamen Unternehmungen ohne Kind, in festen Zeiten für körperliche Zärtlichkeit und Sexualität. Die Liebe des Anfangs hält sich nicht «von selbst». Etwas davon bleibt nur lebendig, ja vertieft sich sogar, wenn das Paar auf diese Weise seine persönliche Beziehung zueinander als Mann und Frau pflegt.

Das ist übrigens auch für die Eltern-Ebene von großem Vorteil: Die Zufriedenheit miteinander als Paar ist die beste Voraussetzung, dass sie sich auch als Mutter und Vater schätzen und gegenseitig unterstützen. Vor allem auch den Männern hilft die Zufriedenheit in der Partnerschaft beim Engagement in der Elternrolle. Denn diese motiviert sie, zu Hause zu sein und nicht «das Weite» in Beruf und individuellen Hobbys zu suchen.

Ein «Kräfte-Gleichgewicht» in der Familie

Alle menschlichen Systeme – das betrifft auch Freundesgruppen, Arbeits-Teams, Wohngemeinschaften bis hin zu ganzen Nationen – streben nach einem Kräfte-Gleichgewicht zwischen den Mitgliedern und Teilsystemen des Gesamt-Systems. Sie streben nach einer solchen «Homöostase» – wie der Fachausdruck dafür lautet –, weil sich die Menschen, aus denen dieses System besteht, nur dann darin sicher und wohl fühlen, wenn ein solches Gleichgewicht besteht oder jedenfalls immer wieder entsteht. Durch jede Krise im System wird dieses Gleichgewicht gestört, und es liegt an den Menschen des Systems (oder auch an einer Hilfe von außen, wenn nötig), dass dieses Gleichgewicht wiederhergestellt wird. Dieses kann dann sehr oft nicht das alte Gleichgewicht, sondern muss ein «neues» sein, weil ja auch etwas Neues mit dem Alten wieder in einen Ausgleich gebracht werden muss. Das heißt beim Paar, zu dem ein Kind dazukommt: Es muss das Kind in sein Leben hineinnehmen und integrieren. «Integrieren» wiederum heißt: Es muss ein *neues* Gleichgewicht hergestellt werden und daraus eine neue und vielleicht flexiblere Stabilität entstehen, in der sich alle (wieder) wohlfühlen können.

Ein flexibles «Gleichgewicht» herstellen und erhalten

Durch das «Dritte», das Kind, gerät das bis dahin bestehende «Kräfte-Gleichgewicht» der Partner so gut wie immer durcheinander. Am Beispiel von Helen und Matthias (vgl. dazu S. 21 ff.) wurde uns das, als sie in die Paartherapie kamen, sehr konkret deutlich. Ebenso zeigte sich an ihnen, wie man es nicht machen darf, um ein neues Gleichgewicht herzustellen: nämlich durch Machtkämpfe. Weil dies so häufig versucht wird und so großes Leid verursacht, schauen wir uns die beiden hier noch einmal genauer an.

Die beiden berichteten in den ersten Paartherapie-Sitzungen von vielen Situationen, in denen jeder von ihnen das Gefühl hatte, in einen Machtkampf verstrickt zu sein. Matthias: «Wenn ich Luisa verbiete, mit dem Smartphone herumzuspielen, kommt Helen garantiert dazwischen und maßregelt mich vor dem Kind: ‹Lass doch deine schlechte Laune nicht an der Kleinen aus!› oder Ähnliches bekomme ich dann zu hören.» Und Helen: «Matthias weiß genau, dass mein Mädels-Abend donnerstags mir heilig ist – aber regelmäßig kommt er genau an diesem Abend zu spät nach Hause und sagt es mir so kurzfristig, dass ich keinen Babysitter mehr organisieren kann. Da könnte ich heulen!» Überall dort, wo nicht mehr kommuniziert, sondern «einfach» gehandelt wird, ist das ein Zeichen dafür, dass die Partner nicht mehr davon ausgehen, dass ihre jeweiligen Bedürfnisse vom anderen als gleichrangig respektiert werden und dass man durch Kommunikation gemeinsam zu Lösungen kommen kann. Starre Grenzen werden eingezogen, das bisherige Gleichgewicht ist dahin.

Da ein soziales System jedoch immer bestrebt ist, wieder ein Kräfte-Gleichgewicht herzustellen, kommt es leicht zu besagten Machtkämpfen. Helen rechnet nicht mehr damit, dass sie mit Matthias in puncto Erziehung an einem Strang ziehen kann, daher kritisiert sie ihn in Situationen, in denen er sich weniger wehren kann – nämlich wenn das Kind mit dabei ist. Matthias wiederum glaubt nicht mehr daran, dass seine Bedürfnisse nach Freiraum und Auszeit von Helen akzeptiert werden, darum verlegt er sich darauf, gerade dann nicht rechtzeitig zu Hause zu sein, wenn sie auf ihn angewiesen ist, um ihr zu zeigen, wie nötig sie ihn braucht. Das ist nun seine Macht-Karte, die er ausspielt. Dies alles findet bei beiden mehr unbewusst als bewusst statt, wirkt aber dennoch auf den Partner lieblos, ja gemein.

Vom «Rabattmarken-Kleben»

In der Transaktionsanalyse[43] spricht man in diesem Zusammenhang von «Rabattmarken kleben». Nach jeder Frustration, die heruntergeschluckt wird, oder nach jedem Konflikt, bei dem man sich am Ende als Verlierer fühlt, klebt man ein virtuelles «Märkchen» in ein virtuelles «Rabattmarkenheft», in Analogie zu den Heftchen, die man früher in Lebensmittelläden bekam, um hier die Rabattmarken von jedem Einkauf einzukleben und diese schließlich, wenn genügend Märkchen gesammelt waren, gegen eine Ermäßigung oder einen Gewinn einzulösen. Irgendwann kommt auch das virtuelle Heftchen zur Auszahlung – entweder in solchen Machtdemonstrationen wie bei Helen und Matthias oder in (tagelangem) Schweigen oder – ausgelöst durch banale Anlässe – in massiven Konflikt-Eskalationen bis hin zur Gewalt.

Geht man nun in der Paartherapie den Ursachen auf den Grund, stellt sich heraus, dass solches «Rabattmarken-Kleben» immer dann anfängt, wenn das Kräftegleichgewicht der Paarbeziehung aus der Balance geraten ist. Bei Matthias war etwas in Schieflage geraten, als Luisa zu laufen anfing und damit ihren Radius Tag für Tag erweiterte. Nichts war mehr vor ihrem Erkundungs- und Experimentierdrang sicher. Nicht nur, dass Matthias, wenn er abends nach Hause kam, über Spielzeug, zerrissene Zeitungen und Teefläschchen hinwegsteigen musste, um zu seinem Schreibtisch zu gelangen, auch sein Schreibtisch war zum Spielplatz geworden, und manche wichtige Rechnung fand er unterm Sofakissen wieder – wenn er sie überhaupt wieder fand. Seine Beschwerden wurden von Helen immer auf gleiche Weise gekontert: «Dann räum halt die Sachen weg, die wichtig sind!» – «Ich kann Luisa nicht den ganzen Tag im Auge behalten – ich muss ja schließlich noch den Haushalt machen und deine (!) Wäsche waschen!» – «Luisa soll alles kennenlernen dürfen und nicht immer nur ein Nein hören. Du willst doch auch, dass sie ein selbstbewusster Mensch wird.»

Matthias fühlte sich mit seinem Bedürfnis nach einem eigenen, respektierten und kindersicheren Raum in der Wohnung abgewertet, ja abgekanzelt. Und er sah sich mit solchen «egoistischen» Wünschen auf verlorenem Posten. Helen bestimmte nun, welche Bedürfnisse in der Familie «erlaubt» waren und welche nicht. In der Folgezeit machte Matthias Helen immer öfter den Vorwurf, Luisa zu sehr zu verwöhnen, ihr zu wenig Grenzen zu setzen. Das eigentliche Problem wurde also verlagert auf ein Terrain, auf dem sich Matthias sicherer fühlte. Dadurch war es ihm möglich, wieder eine Art Kräftegleichgewicht, eine «Homöostase», herzustellen, allerdings keine gute, für alle befriedigende, sondern eine, unter der alle Beteiligten litten.

Immer wieder: Ausbalancierung des Gleichgewichts

Am Beispiel von Helen und Matthias wird auch noch deutlich, dass diese Störung des Gleichgewichts nach der Geburt des Kindes nicht nur einmal geschieht und die darauf folgende neue Ausbalancierung nicht nur einmal stattfinden muss. Vielmehr wird sie immer wieder nötig sein, weil sich das Kind, und nicht nur das Kind, sondern auch die Erwachsenen weiterentwickeln. Beim Kind, vor allem in den ersten Jahren, geht es natürlich vergleichsweise rasant. Man denke an ein *Mobile*, in dem alle Teile so angebracht sind, dass die horizontalen Stäbe in Balance bleiben. Wird nun ein Teil verschoben, müssen auch andere Teile verschoben, ja unter Umständen muss das ganze System nachjustiert werden.

Allerdings kann das auf sehr verschiedene Weise geschehen, und so wie Helen und Matthias es anstellen, verfehlen sie dabei, was sie eigentlich erreichen wollen: nämlich ein stabiles und für alle Beteiligten befriedigendes Gleichgewicht. Schauen wir uns nun zunächst an, was bei Helen in dieser Zeit, als sich ein Machtkampf zwischen ihr und Matthias entwickelte, geschehen ist: Auch Helen war durch die Entwicklungsfortschritte von Luisa überfordert. Bis dahin konnte sie die Kleine auf ihrer Krabbeldecke ruhig einige Zeit allein lassen und dringende Arbeiten erledigen oder auch einmal in Ruhe Zeitung lesen. Damit war es aber jetzt vorbei: Im Minutentakt entdeckte Luisa neue Bereiche: die Schubladen der Schrankwand, die Zimmerpflanzen, das Schuhregal, den Schreibtisch von Matthias … usw. Helen war nun gezwungen, wenn sie nicht alles wegräumen oder absperren wollte, Luisa bei ihren Erkundungstouren zu begleiten und wie die Assistentin einer zerstreuten Wissenschaftlerin die geeignete

Umgebung für deren Experimente zu schaffen. Auch Helen verlor dadurch an persönlichem Freiraum. Auch kam mit dem Laufen-Können von Luisa zum ersten Mal die Notwendigkeit von Strenge und Konsequenz als Erziehungsthema auf, und Helen war sich noch unsicher, wo sie dem Kind eindeutige Grenzen setzen sollte und wollte – auch im Hinblick auf ihre Energieressourcen. Denn konsequent zu sein würde ja wieder heißen, noch mehr Aufmerksamkeit für Luisa und weniger Zeit für sich selbst aufzubringen.

Wenn Matthias dann kam und seinen Raum verteidigte – ohne Verständnis für ihre Unsicherheiten und Nöte zu zeigen –, sah sie keine andere Möglichkeit, als in die Defensive zu gehen und aus der Defensive «zurückzuschlagen». Das heißt: Sie versuchte das alte Gleichgewicht wiederherzustellen, indem sie immer stärker und starrer auf ihrem freien Abend bestand. Und wenn Matthias von seiner Chefin gerade am Donnerstag zu einer Besprechung beordert wurde, konnte sie kein Verständnis aufbringen, sondern wertete dies als massive Missachtung ihrer Bedürfnisse. Woran es sowohl Helen als auch Matthias in jener Zeit mangelte, waren erstens die Achtsamkeit auf Veränderungen der jeweiligen Bedürfnislage durch das Kind, zweitens die Bereitschaft, sich in die neu entstandenen Bedürfnisse des Partners einzufühlen, und drittens fehlte auch ein geeignetes Paar-Ritual, also eine festgelegte Paar-Zeit, um für derlei Veränderungen, Wünsche und Erwartungen an den anderen den Kommunikationsraum zu eröffnen.

Wenn alles dies fehlt, dann entstehen sehr häufig solche Machtkämpfe, dann kippt das Mobile aus dem Gleichgewicht, dann nimmt die Liebe Schaden! Eine neue «Homöostase», ein Art neues Kräfte-Gleichgewicht entstand dann bei Helen und Matthias dadurch, dass keiner von beiden dem andern etwas «schuldig» blieb. Sie trafen sich gegenseitig immer wieder genau in ihren «wunden Punkten», so dass sie wechselseitig zwar immer wieder «Sieger» über den anderen waren, aber letzten Endes *beide* zu Verlierern wurden.

Zu einer befriedigenden Homöostase gehören also wiederum Flexibilität und Durchlässigkeit der Grenzen, indem beide bereit sind, auf den jeweils anderen neu einzugehen und sich auf die durch das Kind entstandene neue Situation einzulassen und entsprechend neues Verhalten zu entwickeln. Das war nun die Aufgabe, die beide miteinander in der Paartherapie zu lösen hatten, und das ist auch die zentrale Aufgabe, auf die alle jungen Eltern zu achten haben: klare und unmissverständliche Grenzen zu setzen, wo es nötig ist, und gleichzeitig diese Grenzen so flexibel und in diesem Sinn «durchlässig» zu gestalten, dass Veränderungen für die Einzelnen und die Subsysteme möglich bleiben. So stellen sie ein «Kräfte-Gleichgewicht», eine Homöostase immer wieder her, die sowohl stabil wie auch flexibel, also mit einem Wort «lebendig» bleibt. Auf diese Weise können dann alle in der Familie sich wohl und sicher fühlen und gemeinsam an den kleinen und großen Herausforderungen wachsen.

5. Kapitel: Konfliktthema Sex

Die Pflege der Intimität als Paar

«Es gibt kaum ein Elternpaar, dessen sexuelle Beziehung durch Schwangerschaft und Geburt des Kindes keine Beeinträchtigung erfährt»: Dies resümiert eine Wissenschaftlerin[44] in ihrer Zusammenfassung aller Untersuchungen zu diesem Thema. Das könnte manche Leserinnen und Leser erschrecken, die diese Zeit noch vor sich haben. Wenn wir im Folgenden die Gründe dafür aufführen, haben wir allerdings nicht die Absicht, Angst zu machen, sondern verstehen zu helfen, warum das so ist. Wir wollen vor allem auch helfen, Verständnis zu entwickeln für sich und den Partner, um auf dieses Weise Konflikte zu vermeiden oder jedenfalls abzumildern.

Dies ist dringend nötig, denn häufig machen sich die Partner selbst Vorwürfe, dass es um die Zeit der Geburt und womöglich auch noch einige Zeit danach noch zu keiner sexuellen Begegnung gekommen ist. Sie geraten aneinander, einer macht dem anderen Vorwürfe – meist der Mann der Frau, weil er wieder Lust hat, die Frau aber sich abwehrend oder auch ablehnend ihm gegenüber verhält.

Am Ende dieses Kapitels wollen wir nach Möglichkeiten fragen, wie Paare die Baby-Zeit auch in Hinblick auf ihre Sexualität gut überstehen können.

Warum für die Frau Sexualität zum Problem werden kann

Körperliche/hormonelle Veränderungen bei der Frau

Die bereits in der Schlussphase der Schwangerschaft einsetzenden hormonellen Veränderungen, die ein Abnehmen der weiblichen sexuellen Lust bewirken, setzen sich in der ersten Zeit nach der Geburt fort, auch bedingt durch das Stillen. Wenn Frauen in den ersten Wochen nach der Entbindung wenig Interesse an Sex haben, hängt das mit dem Stillhormon Prolaktin zusammen, das die Lust mindert und den Eisprung hemmt. Das ist von der Natur durchaus beabsichtigt! Auf diese Weise wird die Bindung zwischen Mutter und Kind verstärkt – und gleichzeitig Geschlechtsverkehr verhindert, der in dieser ersten Zeit (wir sprechen hier von der frühen Wochenbettzeit, also bis ca. 6 Wochen nach der Geburt) zu Infektionen führen könnte. Die Geburtswege der Frau, also Gebärmutterhals und Gebärmuttermund, sind noch offen und der Wochenfluss, wenn er durch den Penis hochgeschoben würde, könnte Infektionen der Gebärmutter auslösen. Erschwerend kommt in dieser Zeit unmittelbar nach der Geburt hinzu, dass sich viele Frauen als zu dick empfinden, ihren Bauch (noch) als zu schwabbelig, die Brüste als zu groß, und auch die Schwangerschaftsstreifen, die erst allmählich verblassen, empfinden viele als hässlich. An diesen körperlichen Veränderungen ist ihr Wandel zum Mutter-Sein immer noch sichtbar – und sie können Probleme damit haben, sich überhaupt noch als anziehendes und sexuelles Wesen zu empfinden. Das kann ihre Lust sogar dann dämpfen, wenn sie sich jetzt durch das Mutter-Sein eigentlich als Frau vollständiger erleben, als es früher der Fall war. Trotzdem tritt für sie das sexuelle Begehren zunächst in den Hintergrund.

Rollenkonflikt

Es kann sein, dass es sogar zu einem starken inneren «Rollenkonflikt zwischen dem ‹Mama-Sein› und dem ‹Sexuelle Frau-Sein›»[45] kommt, sodass sich die Frau gar nicht vorstellen kann, beides zu sein und zu bleiben: eine attraktive, begehrenswerte Frau *und* eine nährende liebevolle Mutter. Schon im Märchen werden diese beiden Rollen streng voneinander getrennt. Frauen, die die eigene Schönheit, Macht und Einfluss in den Vordergrund stellen, sind dann die bösen Stiefmütter, während die guten Mütter keine eigenen Bedürfnisse zu haben scheinen, sondern sich nur in den Dienst ihrer Aufgabe als Versorgerin stellen. Wir werden darauf im Zusammenhang mit den Rollenbildern (siehe Kap. 6) zurückkommen. Dieser Rollenkonflikt bedingt dann nicht selten die einseitige Betonung der Gute-Mutter-Rolle und die Abkehr von der sexuellen Lust: Die enge Bindung zum Kind genügt der Frau völlig, und manchmal hat das Kind an Wichtigkeit gar «den Platz des Partners eingenommen».[46] Das bringt den sexuellen Austausch mit dem Mann nicht selten ganz zum Erliegen.

Stress

Da vor allem in der allerersten Zeit – auch bei engagierten Vätern – die Hauptlast der Versorgung des Babys doch bei der Frau liegt, häufen sich für diese die oftmals vielfältigen und zum Großteil neuen Aufgaben im Alltag. Stress, Müdigkeit und Erschöpfung bei der jungen Mutter sind die Folgen. Das schafft ebenfalls eine die Lust dämpfende Situation.

Autonomie-Wahrung

Vor allem in der Zeit des Stillens, aber auch noch Monate danach kann es sein, dass die Frau sich durch das Kind so in Beschlag genommen fühlt – und zwar auch ganz konkret körperlich –, dass ihre Lustlosigkeit auch ein Ausdruck ihres Autonomie-Bedürfnisses sein kann. Wenigstens am Abend will sie frei sein und hat keine Lust darauf, dass da noch jemand an ihrem Körper «rummacht».

Die Frau erlebt den Mann als zweites Kind

Wenn Männer sich nach der Geburt schwer damit tun, nun die Aufmerksamkeit der Partnerin teilen zu müssen und zunächst weniger Sex zu haben, kann es dazu kommen, dass sie anfangen, mit dem Kind um die Zuneigung der Mutter zu buhlen. Der Sexualtherapeut David Schnarch hält diese Reaktion von Männern für ein Zeichen von Unreife und die Unlust der Frauen für eine verständliche Reaktion: «Wenn die Frau dann keine Lust mehr auf Sex hat, hat das weder etwas mit ihrem Schlafmangel noch mit Babypfunden zu tun. Sondern nur damit, dass sie sich von diesem ‹kleinen Jungen› nicht sexuell angezogen fühlt! Zum echten Problem wird es, wenn sie sich scheut, das klar zu artikulieren. Sehr viel wahrscheinlicher wird sie sagen: Ich bin zu müde.»[47]

Verhütung

Natürlich kann auch die Angst, ungeplant und zu schnell wieder schwanger zu werden, Grund für Abwehr und Lustlosigkeit bei der Frau sein.[48] Gerade wenn sie es vermeiden will, Hormone einzunehmen – entweder aus Prinzip oder weil sie diese nicht gut verträgt und es noch zu früh ist, sich eine Spirale einsetzen zu lassen –, bleibt die Verhütung auf Kondome beschränkt, was die Sexualität in dieser Zeit eher komplizierter macht als erleichtert.

Auch beim Mann gibt es einige Gründe, die seine Sexualität in dieser Zeit blockieren oder beeinträchtigen können. Diese werden uns im Folgenden beschäftigen.

Warum für den Mann Sexualität zum Problem werden kann

Eine neue Rolle für den Mann

Schon in der späten Schwangerschaft kommt dem Mann gegenüber der Frau eine *neue Rolle* zu: Er wird immer mehr gebraucht in der *Rolle des Beschützenden* nach außen und nach innen in die Rolle dessen, der *Sicherheit und Geborgenheit* für die Frau schafft. Diese Rolle hat er auch während der Geburt und in der ersten Zeit danach. Dies ist ja eigentlich eine eher mütterlich-väterliche als eine männliche Rolle ihr gegenüber. Wenn er diese Rolle voll akzeptiert, kann dies aber gerade ein Grund sein, dass er sich – jedenfalls in dieser ersten Zeit – gar nicht mehr als eigentlicher «Mann» fühlt, und das kann sein körperliches sexuelles Begehren durchaus abschwächen.

Körperlich-hormonelle Veränderungen

Auch beim Mann vollziehen sich nach der Geburt seines Kindes hormonelle Veränderungen, was vielen nicht bekannt sein dürfte. Gerald Hüther erwähnt, wie schon oben dargestellt (siehe S. 43), aus Sicht der modernen Hirnforschung bestimmte «Hormone, die Umbauprozesse im Gehirn vorbereiten und mütterliches, fürsorgliches Bindungsverhalten» auch beim Mann erzeugen. Er schreibt weiter: «Außerdem kann man bei Männern in den ersten Wochen nach der Geburt eine rapide Reduktion der Testosteron-Produktion feststellen. Testosteron ist das männliche Sexualhormon, durch das der Mann motiviert wird, sich Sexualpartner zu suchen, um Macht und Status zu kämpfen und Risiken einzugehen – Eigenschaften, die nicht gerade zu den Erfordernissen der frühen Vaterschaft passen. Sinkt dagegen der Testosteron-Spiegel, kann er ‹weichere› Seiten an sich entdecken und sich dadurch besser in die Welt seines Kindes und seiner Frau einfühlen.»[49]

Diese ganz oder teilweise bedingte hormonelle Veränderung beim Mann und die daraus folgende Reduktion seines Begehrens kommen der Frau, sofern sie Ähnliches empfindet, einerseits entgegen. Andererseits kann sie den Mann auch in einen fatalen Konflikt hineinführen: Es kommt nämlich nicht zu selten vor, dass Männer die Herausforderung, eine andere Rolle als bisher einzunehmen, und die spürbar werdenden hormonellen Veränderungen bei sich selbst *nicht akzeptieren* und dagegen angehen. Sie fürchten um ihre Männlichkeit, um den Verlust ihrer Rolle als Mann in der Welt und den Frauen gegenüber. Dies kann dazu führen, dass es sie «hinaustreibt» aus der Familie, dass sie, um sich selbst als Mann zu beweisen, anfangen, Kontakte zu anderen Frauen zu suchen und womöglich mit ihnen auch sexuelle Beziehungen anzufangen. Es gibt aber verständlicherweise kaum etwas, das von den Frauen als derart verletzend erlebt wird wie die Untreue des Partners in dieser ersten Phase mit dem kleinen Kind. Die Frauen sind ja in dieser Zeit mehr auf den Mann angewiesen als in jeder anderen Phase ihrer jungen Ehe.

Der hier entstehende Konflikt wird wegen dieser Abhängigkeit zwar meist nicht zu einer raschen Trennung führen. Das Fremdgehen des Mannes ist jedoch eine schwere Verletzung, und die schwelt fast immer unter der Decke weiter, sie untergräbt die emotionale Beziehung der beiden, entlädt sich immer wieder in heftigen Konflikten, auch in Bereichen, die damit unmittelbar gar nichts zu tun haben – und sie führt schließlich zu wachsender Entfremdung oder schließlich sogar zu einer äußeren Trennung.

Nicht unerwähnt soll hier bleiben: Zu solch verletzenden «Außenbeziehungen» rechnen wir auch, wenn sich der Mann sexuelle Befriedigung durch «Cybersex» holt, entweder im virtuellen Kontakt mit realen anderen Frauen oder durch stimulierende Bild-Aufnahmen, wie sie ja heutzutage tausendfach im Fernsehen oder Internet angeboten werden. Die Frauen erleben das sehr häufig ebenfalls als verletzende Abwendung, die ihnen Schmerz verursacht und eine innige Beziehung stört. Manche «schauen dann bewusst weg», aber es hinterlässt Spuren in ihrer Seele, die später die erwähnten Auswirkungen haben.

Ängste

Auch beim Mann gibt es Ängste, die ihn daran hindern, sexuell begehrend wieder auf die Frau zuzugehen: Einmal ist da die Angst, der Frau durch das Eindringen weh zu tun, vor allem wenn die Geburt schwierig und auch mit körperlichen Verletzungen – wie Kaiserschnitt oder Dammriss und dergleichen – verbunden war. Vielleicht ist die Frau auch bei intimeren Berührungen schon einmal zusammengezuckt. Solche oder ähnliche Erfahrungen begründen diese Angst und lassen sie immer wieder hochkommen, auch über die Zeit hinaus, in der sie berechtigt war.

Außerdem kann auch beim Mann die Angst vor einer neuen Schwangerschaft die Lust dämpfen oder sogar ersterben lassen, wenn das Paar keinen sicheren Weg zur Verhütung findet.

Die körperlichen Veränderungen bei der Frau

Auch die körperlichen Veränderungen bei der Frau, die ja schon in der vorgerückten Schwangerschaft sichtbar und tastbar werden, lassen bei nicht wenigen Männern die Lust auf Sexualität ersterben, weil sie diese Veränderungen zu sehr an «Mutter» und «Mütterlichkeit» erinnern. Dies hat, wie bereits erwähnt (siehe S. 42), manchmal körperliche Abwehr und das Bedürfnis nach Distanzierung zur Folge. Das kann sich in der ersten Zeit *nach* der Geburt noch verstärken, da nun noch das Stillen hinzukommt und nicht wenige Männer es auch als lusttötend erleben, wenn gleichzeitig mit der Erregung der Frau die Milch anfängt, aus ihrem Busen zu fließen. All das kann dazu führen, dass der Mann von sich aus gar nicht mehr auf die Frau zugeht, um sie mit ihrer Zärtlichkeit dazu anzuregen, sich ihm auch als Liebespartnerin wieder zuzuwenden.

Es gibt ja die sehr verbreitete Meinung, dass die Gründe für die Vermeidung oder das Hinauszögern der Sexualität in dieser Zeit ausschließlich bei der Frau zu suchen seien. Wir möchten aber hier betonen, dass das in dieser Unbedingtheit so nicht stimmt, und dazu anregen, mit solchen Gründen auch auf Seiten des Mannes zu rechnen und darüber ins Gespräch miteinander zu kommen.

Wenn beide keine sexuelle Begegnung wollen

Darüber hinaus kann es auch noch Gründe geben, die beide Partner gleichermaßen betreffen und die sie, jedenfalls eine ganze Zeit lang, daran hindern, auch wieder als Liebespaar zusammenzufinden:

Das Kind «im Gräbele»

In der ersten Zeit kann es durchaus gute Gründe geben – vor allem der leichteren Betreuung wegen –, das Baby auch körperlich nahe bei den Eltern, etwa im Kinderbett neben den Eltern oder sogar im «Gräbele», wie der Raum zwischen den Eltern im Ehebett auf Schwäbisch genannt wird, schlafen zu lassen; dies kann aber eine sexuelle Begegnung stören – entweder weil es einfach vom Platz her schwierig ist oder auch weil einer der beiden oder beide Hemmungen haben, so nah beim Kind ihre Liebe auch sexuell zu leben.

Getrenntes Schlafen

Unabhängig davon oder gerade deswegen kann es sein, dass in dieser Zeit das Elternpaar oder einer der Partner es vorzieht, getrennt vom andern zu schlafen, zum Beispiel auch, um «wieder einmal» eine ungestörte Nachtruhe zu haben. Wenn es deshalb einer eigenen Absprache oder «Nachfrage» bedarf, um einander auch wieder sexuell begegnen zu können, wird dem Paar die Sache zu kompliziert. Das gilt vor allem für Paare, für die es wichtig war und für die es sich auch bewährt hat, das sexuelle Bedürfnis durch räumliche und körperliche Nähe einfach «kommen zu lassen» – ohne irgendwelche bewussten Vereinbarungen im Vorhinein.

Frust und Konflikt als Folge

Es ist also in dieser ersten Zeit durch vielerlei Gründe bei Frau und Mann durchaus angemessen zu akzeptieren, *sexuell «eine Pause zu machen»*, sodass Sexualität dann einige Zeit lang gar nicht oder viel seltener stattfindet als zuvor. Das ist angemessen auch aufgrund der familiären Gesamtsituation: Sie braucht hohen Einsatz beider Eltern, und es soll Zeit dafür geben, sich an das Kind als neuen «Dritten im Bunde» zu gewöhnen und ins Gesamt der Familie hineinzunehmen. Wenn Paare, und vor allem die Männer, bereit sind, sich dieser neuen Situation mit sexueller Zurückhaltung anzupassen, ist dies auch möglich. Wir sehen in diesem Verzicht sogar ein *Zeichen von männlicher Reife,* die es ermöglicht, das Vater-Sein jetzt in das Mann-Sein zu integrieren.

Es besteht allerdings die Gefahr, dass die Zeit der Enthaltsamkeit zu lang ausgedehnt wird. Man gewöhnt sich irgendwie daran, dass «nichts mehr stattfindet», keiner von beiden ergreift mehr die Initiative und der Weg dahin, es endlich doch wieder zu tun, erscheint als immer mühsamer. Obwohl das letztendlich beide gleichermaßen frustriert, weil beide Sehnsucht haben nach Zärtlichkeit, Körperkontakt, Verschmelzung und Anerkennung ihrer Weiblichkeit/Männlichkeit, finden sie entweder nicht den Mut oder nicht die Energie dazu. Sobald Kinder da sind, gibt es immer eine Menge zu tun in der und für die Familie, und abends fällt man todmüde ins Bett ... In früheren Jahrzehnten hätte kaum jemand erwartet, dass ein Elternpaar auch noch ein leidenschaftlich erotisches Liebespaar bleiben würde. Viele der heutigen jungen Erwachsenen können sich ihre Eltern kaum als Sexualpartner vorstellen.

In diesem Punkt hat sich heute viel verändert. Der Anspruch besteht, *auch als Elternpaar ein Liebespaar mit einer lebendigen, ja leidenschaftlichen Sexualität* zu bleiben. Das setzt Paare unter Druck, bei denen beide vorübergehend oder dauerhaft kaum noch ein sexuelles Verlangen verspüren. Wenn es nicht mehr zur sexuellen Begegnung «mit allem Drum und Dran», mit Leidenschaft und fulminantem, womöglich gleichzeitigem Höhepunkt kommt, finden sie, «dass mit ihnen etwas nicht in Ordnung ist».

Ein kurzer Blick in Internet-Foren zum Thema «Sex nach der Geburt» lässt den Eindruck entstehen, dass dieser auch möglich ist, ja sogar, dass es nun erst richtig losginge:

Eine «Sophie» schreibt beispielsweise: «Seitdem wir ein Baby haben, ist unser Liebesleben so wie am Anfang, als wir uns kennenlernten. Wir haben Sex so ziemlich in allen Räumen unseres Hauses, damit wir das Baby nicht wecken, das in unserem Schlafzimmer schläft. Es ist wirklich so etwas wie ein Kick!»[50]

In Einzelfällen und mit einem sehr pflegeleichten Kind mag solches realisierbar sein. Aber in der Regel bekommen Eltern mit einem wenige Wochen alten Baby gerade mal den Haushalt nebenbei geregelt und freuen sich, wenn sie sich darüber hinaus eine ausführliche Dusche gönnen können. Besteht dann ein zu hoher Erwartungsdruck hinsichtlich sexueller Erfüllung, kann dies dazu führen, dass die beiden, wenn sie in der ersten Zeit oder auch für länger keinen sexuellen Kontakt mehr miteinander haben, allmählich unzufrieden werden, frustriert voneinander sind und sich emotional voneinander immer weiter distanzieren.

Der häufigere Fall dabei ist, dass die Sache nicht beide Partner betrifft, sondern *einseitig* wird: Der Mann, der ja auch von weniger Einschränkungen betroffen ist als die Frau, «möchte» recht bald wieder, die Frau aber (noch) nicht. Der Mann beginnt zu drängeln, die Frau reagiert mit Abwehr. Deshalb kritisiert er sie, etwa: «Immer hast du irgendetwas Wichtigeres zu tun ...», und sie reagiert mit der Gegen-Kritik: «Ja, wenn du mich hier mit allem allein lässt ...» So beginnt die fatale Dynamik der sattsam bekannten «Teufelskreise» in Paarbeziehungen: Kritik – Gegenkritik – schärfere Kritik – noch schärfere Gegenkritik – und so weiter, bis das Ganze schließlich in einem handfesten Krach endet und mit brüskem Rückzug voneinander .... Der Haussegen hängt dann für einige Zeit schief, bis der Alltag darüber wieder hinweghilft, ohne dass jedoch der Konflikt gelöst wäre ...

Welche Gründe kann es für ein solches Konfliktmuster geben? Nach der Ärztin und Sexualtherapeutin Ruth Gnirss reagieren junge Väter deshalb oft heftig auf eine sexuelle Zurückweisung, weil sie sich nicht genügend gesehen fühlen und Angst um ihren Platz in der Familie haben. «Vielen jungen Vätern geht es gar nicht primär um ihre unerfüllten sexuellen Bedürfnisse ... Sie haben Angst, dass es zur Entfremdung und Trennung kommt.»[51] Auch die Frauen fühlen sich nicht «gesehen» mit ihren Bedürfnissen nach Ruhe und Versorgt-Werden. Sie unterstellen dem Mann, sie (nur) als Sexualobjekt wahrzunehmen, und weisen ihn aus diesem Grund zurück. Oder kommen wir nochmals zum Beispiel von Helen und Matthias zurück: Helen war in puncto

Sexualität immer die Mutigere gewesen, hatte häufig die Initiative übernommen, während Matthias, der nicht riskieren wollte, von ihr abgewiesen zu werden, sich eher aufs «Warten» verlegte. Als Luisa auf der Welt war und Helen sowohl mit ihrer eigenen Rolle wie auch mit der von Matthias unzufrieden war, hielt sie ihre sexuellen Bedürfnisse zurück, «aus Ärger und Erschöpfung zugleich», wie sie meinte. Matthias nahm es im Glauben hin, ohnehin nichts dagegen tun zu können, und schlief fortan im Gästezimmer, anstatt nun die Rolle des Werbenden zu übernehmen. Helen wiederum brachte es nicht über sich, ihren Groll auf Matthias abzulegen und trotz ihrer *Kritikpunkte hin und wieder die Initiative zu übernehmen*, um den Kontakt auf körperlicher Ebene nicht zum Erliegen zu bringen. So kam es schließlich zu gar keiner Begegnung mehr, und die Sexualität zog aus ihrem Schlafzimmer aus.

Solche Konfliktmuster können sich sehr leicht *verfestigen*, wenn sie nicht *frühzeitig* durchbrochen und Alternativen eines anderen Umgangs miteinander entwickelt werden. Aus einem glücklichen kinderlosen Paar kann so ein frustriertes Paar mit Kind werden, was natürlich diesem Kind am wenigsten guttut, da die angespannte häusliche Atmosphäre, die so entsteht, ganz und gar kein gutes Klima für dessen Aufwachsen erzeugt.

Die wesentliche Frage lautet also: Wie lassen sich in diesem Bereich Konflikte vermeiden und wie kann das Paar nach angemessener Zeit wieder zu einem auch sexuell zufriedenen Paar werden?

Was ist zu tun?

«Wenn das Baby da ist, bedeutet das auch, dass beide sich darum bemühen müssen, emotional und sexuell zugänglich füreinander zu sein, auch wenn eine/r von beiden gerade nicht in Stimmung ist. Es bedeutet da weitermachen, wo Sie aufgehört haben, auch wenn dazwischen Tage vergehen, indem Sie die Nähe mit Leib und Seele aufrechterhalten.» Mit diesem Zitat von Elisabeth Davis aus ihrem Buch «Sex in jedem Lebensalter»[52] soll der Abschnitt mit unseren konkreten Empfehlungen beginnen.

Aufgaben für beide Partner

Zunächst ist hier wieder, wie bisher schon mehrmals geschehen, zu betonen: *Regelmäßige Zeiten für das Paar ohne Kinder* sind nötig. Und: Diese «ergeben» sich nicht (mehr) «von selber», sie müssen von der Partnern ausdrücklich geplant und verlässlich eingehalten werden, so verpflichtend wie berufliche Termine oder Termine beim Arzt. Damit das gelingt, noch einige Hinweise:

Regelmäßigkeit

In der Zeit ohne Kinder konnte man die Sache viel leichter dem spontanen Impuls überlassen. «Du, gehen wir heute Abend mal ins Kino? Da läuft gerade ein spannender Film!» Oder mit Blick auf die Schlafzimmer-Tür: «Du, wie wär's, hätt'st du nicht auch mal wieder Lust?» – diese Zeiten sind jetzt vorbei. Zum Beispiel braucht das Kind, je kleiner es ist, desto häufiger und unvorhergesehener noch alles Mögliche, will nicht einschlafen, hat Bauchweh … Und zu vielem, was ansteht, ist man tagsüber nicht gekommen: die Mails noch anschauen, den Einkaufszettel für morgen vorbereiten, noch schnell die Spülmaschine ausräumen … Und wenn das alles erledigt ist, sinkt man todmüde ins Bett – und so «kommt es einfach nicht mehr dazu». Ein Stück weit gewöhnt man sich dann daran, die Lust «treibt einen nicht mehr zueinander», man spürt kein Bedürfnis mehr nach Sexualität, ja man entwöhnt sich regelrecht voneinander … Dadurch verliert man aber immer mehr die intime Vertrautheit mit dem anderen. Und je länger es dauert, umso mehr Erwartung und Leistungsdruck liegen auf dem neuen «ersten Mal». Das Paar als solches verschwindet, es gibt schließlich nur noch die «Eltern-Ebene» – mit allen Gefährdungen durch «plötzliches» Fremdgehen und Krisen bis hin zu einer Trennung. Mit geplanten Zeiten für die Zweisamkeit können Paare dem entgegensteuern.

Gemeinsame Zeiten – nicht nur für den Sex!

Solche fest eingeplanten Zeiten sollten aber nach Möglichkeit nicht nur der Sexualität vorbehalten sein. Die intime Zweisamkeit bedeutet ja darüber hinaus auch: persönliches Gespräch, gemeinsame lustvolle Unternehmungen, von Spaziergang bis Veranstaltungsbesuch, mit anderen Worten: Räume für persönliche Begegnung von «Ich» und «Du». Auch die Variante sollte möglich sein, dass man «nur» zärtlich ist miteinander, einander berührt, in den Arm nimmt, zusammen im Bett liegt – mit oder ohne Kleider, ohne dass das in der Sexualität endet oder enden muss. Wir sagten zwar, dass manche Frauen – auch ohne Sex – in der ersten Zeit mit dem Baby und angesichts der intensiven körperlichen Nähe zu diesem gar keine Lust mehr darauf haben, dass «schon wieder einer» an ihrem «Körper rummacht». Aber meist ist es wohl so, dass das Bedürfnis danach bald wieder kommt – und zwar vor allem nach Berührung und Zärtlichkeit (noch) ohne Sex. Das verlangt von den Männern Verständnis und auch Verzicht, muss ihnen aber – aus dem Verstehen dessen, was in der ersten Babyzeit sich im Körper der Frau abspielt – zuzumuten sein.

Aber auch für Sex!

Bei vielen Paaren bewährt es sich aber, wenn sie nicht einfach nur offen lassen, was in der vereinbarten Paar-Zeit passiert. Es ist für sie hilfreich, wenn sie nach einer gewissen Zeit der Integration des Kindes ins Familien-Ganze auch bestimmte Zeiten ausdrücklich für Sexualität reservieren. Das sollten Zeiten sein, in denen eine gewisse Sicherheit besteht, dass das Baby nicht überraschend «dazwischen»kommt, weil es dringend Hilfe braucht. Das heißt freilich auch wieder nicht, dass diese Sicherheit absolut sein kann. Es spricht nichts dagegen, intim zu werden, auch wenn das Kind im gleichen Zimmer schläft. Die Geräusche, die Mama und Papa dabei machen, dürfte es schon von der Schwangerschaft her gewöhnt sein, und solange die Eltern liebevoll miteinander umgehen und beide sich wohl fühlen, resultieren sicher keine frühkindlichen Störungen daraus, auch wenn das Baby aufwachen sollte.

Wenn sich die Eltern ohne das Kind sicherer oder freier fühlen, sollten sie dafür sorgen, dass es betreut wird außerhalb des Hauses, zum Beispiel bei den Großeltern, oder auch von anderen Personen im Haus. In diesem Fall nehmen sich die Eltern am besten eine Aus-Zeit außer Haus, vielleicht im Hotel, im Gartenhäuschen, im Auto oder einem anderen geeigneten Ort, an dem sie für sich sind.

Reservierte Zeit für Sexualität außerhalb der eigenen Wohnung kann übrigens auch dann guttun, wenn das eigene Schlafzimmer mit vielen Assoziationen und Erinnerungen an ein «schreiendes Baby», an schlaflose Nächte durch Sorgen um das Familien-Einkommen und dergleichen «behaftet» ist oder auch durch herumliegende Schnuller, Baby-Windeln usw. «entsexualisiert» erscheint [53] oder als Zwischenlager für ungebügelte Wäsche dient und so unweigerlich mit Alltags-Arbeit und sonstigen Verpflichtungen assoziiert wird: «Schon wenn ich mich da hinlege und die eigene Wohnung weiter um mich habe, beginnt alles, was noch zu erledigen ist, durch meinen Kopf zu rasen!» – so eine Stimme zu diesem Problem. Eine andere, davon freie Umgebung kann also wichtig sein auch für eine neue, lebendige sexuelle Begegnung.

Und wo bleibt da die Spontaneität?

Das ist an dieser Stelle eine verständliche Frage beziehungsweise abwehrende Reaktion. Unsere Antwort: Es soll natürlich auch weiterhin – wenn es die Möglichkeit und Gelegenheit dazu gibt – Spontaneität, Verführung und Überraschung in der Sexualität geben. Es gibt dabei nur zweierlei zu bedenken: Sobald eine Paarbeziehung, ob mit oder ohne Kinder, die Phase der akuten Verliebtheit hinter sich gelassen hat, lassen Spontaneität, Verführung und die Stärke des «Triebes» zueinander hin nach. Das ist nur natürlich! Dazu kommt, dass auch das gemeinsame Leben, vor allem jetzt mit Kind, den Tag mit vielen Verpflichtungen füllt, was die Partner, und hier vor allem wieder die Frauen, mit Sehnsucht nach «seine Ruhe zu haben» erfüllt. Da hilft es, solche reservierten Zeiten zu haben und sie ganz bewusst ins Auge zu fassen, auch aus der Überzeugung: Für die Lebendigkeit und Beständigkeit einer Paarbeziehung *braucht* es auch die erotisch-körperliche Ebene, sonst wird der emotionale Abstand des Paares immer größer.

Es kann außerdem sein, dass der eine oder der andere Partner auch mal eine kleine Schwelle zu überwinden hat, sich zu dieser vereinbarten Zeit auf Sexualität einzulassen. Aber wenn die überwunden ist, auch wenn dem oder der Betreffenden gerade «nicht so danach ist», kommt ja auch nicht selten «der Appetit beim Essen …»

Aber wenn ich mal wirklich überhaupt keine Lust habe? – Oder doch etwas ganz Unvorhergesehenes dazwischenkommt?

Wie immer und fast überall im menschlichen Leben, ist es auch hier so: Es können unvorhergesehene und unüberwindliche Hindernisse auftreten. Und aus keiner «Regel» darf man ein unbarmherziges Gesetz machen. So ist es auch, wenn einer mal – trotz allem guten Willen – einfach nicht «kann». Dann gibt es ja immer auch noch die Möglichkeit, nur beieinander zu liegen und zärtlich miteinander zu sein ohne sexuelle Vereinigung. Das kann vor allem für einen der beiden, meist ist das dann der Mann, sehr schwierig werden, wenn bei ihm das körperliche Begehren immer stärker wird, bei der Frau jedoch überhaupt nicht entsteht. Solchen Paaren empfehlen wir für diese Situation:

«Erlauben Sie sich doch auch mal *einseitige Sexualität.* Das heißt: Erlauben Sie sich gegenseitig, im Falle, dass bei der/dem anderen keine Lust in Gang kommt, die Selbstbefriedigung. Vielleicht mögen Sie dabei zusammenbleiben und einer schaut dem anderen zu und beide freuen sich daran. Oder einer verlässt den Raum im gegenseitigen Einverständnis. Hinterher kommt man wieder zusammen, kuschelt und genießt die Entspannung. Vor allem ist es oft der Mann, der hier – für uns überraschend – große Hemmungen hat.

Wir lassen in der Paartherapie die beiden dann ins Gespräch miteinander kommen, um wechselseitiges Einverständnis und Abbau der Hemmungen zu erreichen, um sich wenigstens auf einen Versuch einzulassen und dann zu Hause zu experimentieren. Dadurch erweitern Paare sehr häufig ihr «erotisch-sexuelles Repertoire» erheblich. Die in den Medien und in der kollektiven Meinung immer wieder propagierte Maxime lautet ja: «Guter Sex heißt: oftmaliger gemeinsamer, leidenschaftlicher, sexueller Höhepunkt!» Dadurch ist bei vielen Paaren die tief sitzende Überzeugung entstanden: «Nur das ist guter Sex!» Damit setzen sie sich außerordentlich unter Druck. Wenn sie die Erfahrung machen, dass es durchaus auch andere lustvolle erotische Varianten gibt, ist das sehr befreiend. Vor allem für Männer, die auf die gesellschaftliche «Sex-Maxime» häufig noch stärker eingeengt sind als Frauen, kann dies eine sehr wertvolle Erweiterung ihres sexuellen Repertoires und Lust-Erlebens sein.

«Slow Sex»

Für Paarbeziehungen, die auf Dauer angelegt sind und darauf, dass beide auch ihren Alltag und dessen Gestaltung miteinander teilen, hat sich nach unserer Erfahrung eine bestimmte Art und Weise, mit der Sexualität umzugehen, nicht selten bewährt. In der Fachliteratur «Slow Sex» genannt, wurde sie von der amerikanischen Autorin und Therapeutin Diana Richardson[54] und ihrem Mann entwickelt. Gerade diese Art, mit Erotik und Sexualität umzugehen, macht Paaren, die sich wie junge Eltern mit existentiellen Lebensübergängen auseinandersetzen müssen, die körperliche Beziehung wieder möglich und attraktiv. Es geht dabei darum, aus den früher gewohnten Abläufen der sexuellen Begegnung miteinander auszusteigen und sich von allen festen Vorstellungen, was wie «passieren muss», zu lösen, ohne dabei auf innigen Körperkontakt und erotischen Genuss zu verzichten. Es geht der Autorin vor allem darum, vom verbreiteten «Leistungsdenken» im sexuellen Bereich ganz Abschied zu nehmen. Dieser Ansatz scheint uns wert, ernst genommen zu werden. Er leitet zu einer ganzen Reihe körperlicher Begegnungsweisen an, die solche Erfahrungen konkret ermöglichen.

Toleranz

Abschließend sei hier nochmals betont: Die erste Zeit der Familien-Werdung – so sagen es alle Fachleute und alle befragten Betroffenen – ist eine enorm stressbelastete Zeit. Wenn da manchmal die Sexualität über Gebühr in den Hintergrund gerät, weil einer der beiden oder beide Partner von anderen Dingen vollständig in Anspruch genommen sind, *sollten beide gelassen und tolerant damit umgehen*, sich selber und dem Partner gegenüber. Wichtig dabei ist, das «Sich- Gewöhnen» an den sexlosen Zustand und die damit einhergehende Tabuisierung des Themas unbedingt zu verhindern. Wenn einer spürt: «Jetzt wäre es aber doch allmählich an der Zeit ...», dann sollte er das Thema von sich aus ausdrücklich gegenüber dem Partner ansprechen: ihn/sie fragen, wie er/sie das sieht und was man tun könnte, um wieder Interesse an der gemeinsamen Sexualität zu wecken. Dabei ist es wichtig, bereit zu sein, ruhig über das Thema zu sprechen, und sich nicht in Vorwürfen und Verteidigungsreden zu verfangen. Vielmehr gilt es, *miteinander zu beraten*, wie man jetzt handeln wird – im Interesse eines guten Zusammenlebens, sowohl als Mann und Frau wie auch als Mutter und Vater für das Kind.

Frühzeitig für zeitliche Entlastung sorgen

Wenn zu wenig Geld vorhanden ist, wie soll man dann für zeitliche Entlastung sorgen? Paare, die Eltern geworden sind, haben oft Hemmungen, schon frühzeitig für Aushilfen im Haushalt und für Babysitter zur sorgen. Zunächst zu Hilfen im Haushalt: Hier werden oft finanzielle Gründe genannt. Man meint, es sich nicht leisten zu können. Aber ist es wirklich so? Dazu ein paar kritische Fragen:

- Wofür geben Sie derzeit Geld aus? Wirklich nur für notwendige Dinge? Und an welcher Stelle rangiert hier die Wichtigkeit Ihrer Paarbeziehung, deren Pflege Sie womöglich unnötig vernachlässigen, weil Sie mit putzen, Ordnung halten, Haushalt perfekt organisieren Ihre ganze Zeit verbrauchen?
- Könnte es auch sein, dass Sie niemanden «Fremden» in Ihren Haushalt lassen wollen – aus Angst davor, was er/sie über Sie denken und vielleicht anderen weitererzählen könnte?
- Oder besteht vielleicht auch der Anspruch (häufig bei der Frau), im Haushalt alles alleine schaffen zu müssen, und dass es darum ein Zeichen von Schwäche wäre, sich helfen zu lassen?

Oft erweisen sich die Antworten auf diese Fragen, nämlich Behauptungen wie: «Wir haben zu wenig Geld dafür», als vorgeschoben. Die eigentlichen Gründe liegen anderswo, nämlich in inneren «Einengungen», inneren Maximen, die nicht aus unserem tatsächlichen Leben stammen, sondern aus Regeln, die wir von unseren eigenen Eltern übernommen haben. Darauf werden wir später noch ausführlicher eingehen.

Es soll damit nicht bestritten werden, dass die finanzielle Begründung manchmal durchaus auch ihre Berechtigung hat. Wenn das so ist, erscheint es uns nötig, sich ein Stück weit einzuschränken: sowohl in dem Wunsch nach gemeinsamer Zeit als auch in manchen kostspieligeren Annehmlichkeiten. Wenn man sich darüber einig ist und sich in der Ausführung dieses Entschlusses wechselseitig kräftig unterstützt, kann dies die Beziehungsqualität und auch die Attraktivität füreinander ebenfalls erhöhen, weil man spürt: Der andere hat wirklich Interesse an mir, an unserer Beziehung und daran, dass wir diese Situation mit dem Kind als Paar gut bewältigen.

Man kann sich auch Gutscheine für Babysitting-Zeit, Wasch- und Bügelhilfe oder einen gründlichen Hausputz zur Geburt des Kindes *schenken lassen*. Das kostet das Paar nichts und entlastet dazu noch die Verwandtschaft und den Freundeskreis, die vielleicht in Bezug auf passende Geschenke unsicher sind. Eine Kollegin gibt gern den Rat, das Paar möge sich ein «Luxus-Konto» einrichten, auf das die Großeltern, Paten und andere Verwandte Geld überweisen können, wenn sie der jungen Familie eine Freude machen wollen. Aus diesem «Topf» werden dann alle schönen Genuss-Events finanziert, für die die Haushaltskasse nicht ausreicht.

Die zweite häufige Begründung, warum man keine Unterstützung von außen in Anspruch nehmen «kann», ist oft *die Überzeugung: «Aber das Kind braucht mich doch als Mutter»*. Wir haben hier bereits betont: Schon sehr frühzeitig interessieren sich kleine Babys für das, was sich in ihrer Umwelt tut. Wenn sie eine sichere Beziehungsbasis bei der Mutter und beim Vater haben, finden sie situativ durchaus auch andere Personen attraktiv, die freundlich zu ihnen sind und interessante Spiel-Angebote machen. Dann schauen sie höchst interessiert hin oder strahlen übers ganze Gesicht den Besucher an. Dem Erwachsenen geht dabei fast immer das Herz auf.

So zeigt sich: auch zu anderen Personen außer Mutter und Vater können sehr rasch tragfähige und sehr konstruktive Beziehungen entstehen. Menschen, die ein Herz für kleine Kinder haben und es verstehen, gute Beziehungen zu ihnen herzustellen, kann man in der Regel auch ohne Sorgen die Kinder, auch wenn sie noch sehr klein sind, zur Betreuung überlassen – seien es ältere Geschwister, Großeltern und nahe Verwandte oder auch

Teenager, die kleinere Kinder gern haben und sich bei der Betreuung dazu noch etwas Geld verdienen können.

Aufgaben (vor allem) für den Mann

Einiges von dem, was nun folgt, haben wir bereits genannt, weil es nicht nur für den Mann, sondern auch für die Frau gilt – allerdings in der Regel in ungleichem Ausmaß. Wir begegnen den entsprechenden Schwierigkeiten nach Zahl und Schweregrad viel häufiger bei den Männern. Darum benennen wir die dazu gehörenden Aufgaben und erläutern sie näher unter männlichem Blickwinkel.

Geduld

Männer werden in der Regel früher ungeduldig als die Frauen, was die sexuelle Begegnung angeht. Die Gründe dafür haben wir genannt. Wenn dann die äußere Situation wieder übersichtlicher, der Stress geringer geworden ist, und auch die körperlichen Hindernisse bei der Frau nicht mehr da sind, wenn «es» also «eigentlich wieder ginge», dann gilt für den Mann noch immer: «Geduld!» Es braucht in der Regel für die Frau eine längere Phase der Wieder-Annäherung an die sexuelle Begegnung als für ihn. Das heißt: das Thema wohl ansprechen, wenn es angemessen erscheint und die sexlose Zeit zu lang wird, aber nicht drängeln und noch weniger Vorwürfe machen («Nie willst du Sex!» oder «Du frustrierst mich immer mehr!» und dgl.) Er soll durchaus sein Bedürfnis anmelden, aber dann eher in die fragende Position gehen: «Wie ist es bei dir?» – «Wo stehst du damit?» und ähnlich. Dabei dann zuhören, und ja nicht ins Drängeln kommen! Das löst nur Widerstand bei der Frau aus, auch dann, wenn sie sich durch dieses Bedrängtwerden einmal auf Sex einlässt, aber sich dazu gezwungen fühlt!

Die Frau wieder dafür gewinnen

Das «Einfordern» von Sex bewirkt in aller Regel bei den Frauen das Gegenteil von Lust. Der Mann sollte sich immer darüber im Klaren sein: Auch wenn die körperlichen Wunden der Geburtswege bei der Frau rein physisch schon verheilt sind, haben die Verletzungen in ihrer Erinnerung doch noch Spuren hinterlassen, die für sie jetzt wieder bemerkbar werden können, wenn die betreffenden Regionen stimuliert werden. Das Gedicht *A Sense of Sacred* von Adele Getty [55] beschreibt sehr einfühlsam, was die Frau jetzt von ihrem Mann braucht. Wir zitieren einen Ausschnitt:

> *Du «beugtest dich über mich,*
> *über das Nest der Naht (…), mit der Geduld desjenigen,*
> *der im Wald ein verwundetes Tier findet und bei ihm bleibt,*
> *nicht von der Seite weicht, bis es wieder ganz ist, bis es wieder laufen kann».*

Es ist viel wirksamer – statt einzufordern –, wieder achtsamen körperlichen Kontakt zur Partnerin aufzunehmen, Streicheln, Hautkontakt, zärtliche (und noch etwas zurückhaltende) Küsse usw. Wenn die Frau nicht vorübergehend von allem Körperkontakt «genug» hat (wegen der noch immer großen körperlichen Nähe zum Baby), besteht so am ehesten die Chance, dass sie auch bei sich ein aufkeimendes Bedürfnis nach Sexualität zu spüren beginnt. «Einfordern» führt nicht zum Ziel, «dafür gewinnen», nicht «drängeln zu» – das ist hier die wirksamere Devise!

Dabei nicht «ein kleiner Junge werden»

Wir haben über das Thema bereits gesprochen. Wir möchten es in der sehr anschaulichen Beschreibung der Familientherapeuten Tillmetz und Themessl[56] nochmals für die Männer in Erinnerung rufen: «Erst ein, dann zwei, dann drei Kinder sorgen dafür, dass eine Mutter von früh bis spät betatscht wird …

Wahrscheinlich wünscht sie sich (deshalb) von ihrem Partner Berührungen, die sich deutlich von den Liebkosungen der Kinder unterscheiden – *stimulierende Signale*, die sie anregen, sich als Frau zu fühlen.» Und wie findet der Mann das heraus? Die einfache und wichtige Antwort der Therapeuten lautet: «Fragen Sie nach!»

Es geht für den Mann hier um ein Thema, das weit über diese konkrete Situation hinausgeht und ihn in seinem generellen Selbstverständnis als Mann berührt, nämlich um die Frage: «Bin ich in meinen Zärtlichkeiten ‹männlich›? Oder werde ich hier wieder zum kleinen Jungen, der bei der Frau wie bei der Mama früher kuscheln und in seinen Bedürfnissen passiv befriedigt werden will?» Um diese Fragen zu beantworten, kann es auch des Gesprächs mit der Frau bedürfen, wie sie ihn in seiner Zärtlichkeit schon *vor* der Geburt des Kindes erlebte und wie sie ihn nun empfindet. Vielleicht liegt hier ein wesentlicher Grund dafür, dass es immer schon an einer wirklich befriedigenden sexuellen Begegnung gefehlt hat!

Aufgaben (vor allem) für die Frau

«Ich bin nicht nur Mutter!»

Wenn die körperlichen Veränderungen sich rückgebildet haben und etwaige Wunden, die mit der Geburt zusammenhängen, wieder gut verheilt sind, kann Sex wieder schön, ja schöner noch sein als in der kinderlosen Zeit. Bei manchen Frauen besteht allerdings die Gefahr, dass sie die Rolle des auch «erotisch-sexuellen Frau-Seins» nur noch schwer wiederfinden können. Dafür sind einige Faktoren verantwortlich, die wir ebenfalls schon zum Teil genannt und besprochen haben: eine übermäßige Ausrichtung auf das Kind und seine Bedürfnisse; eine starke «Übermutter-Ideologie», wie sie in Deutschland immer noch weit verbreitet ist (ganz im Unterschied zu anderen Staaten wie Frankreich und den skandinavischen Ländern!); und schließlich das alte Rollenbild der verheirateten Frau als Mutter und Hausfrau, das oft von der eigenen Mutter übernommen ist und in ihr wieder auflebt, wenn sie selber Mutter geworden ist. Niemand kann sich von solchen gesellschaftlichen und lebensgeschichtlich übernommenen Leitbildern innerlich völlig freimachen. Es bedarf immer wieder der selbstkritischen Reflexion: «Wieweit folge ich, wenn ich mir darüber so quälende Gedanken mache, dem Vorbild meiner Mutter?» Oder: «Wieweit gehe ich wieder einmal, wenn ich da solche Sorgen habe, unserem deutschen Übermutter-Ideal auf den Leim?»

Solche Selbstreflexion, verbunden manchmal auch mit entsprechenden Partner-Gesprächen und der Bitte, seine Einschätzung hier zu hören, kann sehr hilfreich für die junge Mutter sein, sich in ihrem Verhalten etwas von diesen Prägungen zu lösen und wieder Freiraum für sich als auch sexuell interessierte Frau zu gewinnen.

«Ich bin nicht Opfer, sondern aktive Mit-Gestalterin»

Wichtig ist außerdem, dass die Frau sich im Bereich von Erotik und Sexualität nicht in eine bloß passive Rolle drängen lässt und damit womöglich zum «Opfer» des Mannes wird, der dadurch dann seinerseits für die Frau immer mehr zum bösen «Täter» mutiert, gegen den sie schließlich nur noch Abneigung, ja Hass empfindet. Mit anderen Worten heißt das: «Übernehmen Sie selber Verantwortung! Stehen Sie für Ihre Bedürfnisse ein!» Und zwar: Verantwortung für den jeweils passenden Rhythmus oder für die jeweils passende Häufigkeit oder für diese oder jene Art von Zärtlichkeit. Oder: Für die für die Frau jeweils passende Länge des Vorspiels, für die Art und Weise der Sexualität, wie sie in dieser Zeit für Sie stimmt und wie Sie sie sich wünschen!

Dabei ist es wichtig, immer wieder einmal mit dem Mann darüber zu reden und sich auch auf ihn abzustimmen. Und es ist schließlich auch möglich, dass die Frau sich – sozusagen «auf experimentierende Weise» – auch ab und zu auf die Wünsche des Partners einlässt und so ausprobiert, wie ihr das bekommt! Manchmal kann dabei Überraschendes entdeckt werden …

Erfahrungen mit sich selber machen

Die Geburt kann auch Auswirkungen auf das erotisch-sexuelle Empfinden der Frau haben, zum Beispiel, dass sie nicht mehr weiß, was jetzt im Hinblick auf ihre erogenen Zonen für sie erregend ist und was nicht, oder dass sie Zweifel hat, ob es bei ihr überhaupt noch «Lusterleben» und Genuss bei der sexuellen Begegnung gibt. Vielleicht beginnt sie jetzt überhaupt daran zu zweifeln, ob sie für Männer noch eine attraktive Frau ist … Für solche Unsicherheiten raten die Kollegen Tillmetz und Themessl: «Sie erhöhen Ihre Chancen auf glücklichen Sex, wenn Sie sich zuerst um sich selber kümmern: mit schöner Kleidung, Selbstbefriedigung oder harmlosen Flirts, die Ihnen zeigen, dass Sie als Frau durchaus noch attraktiv sind.»[57] Gerade auch das Experimentieren mit sexueller Erfahrung in der Selbstbefriedigung kann wertvolle Erkenntnisse darüber vermitteln, welche Art von Berührung und Stimulation jetzt angenehm und sexuell anregend ist. Vielleicht braucht es dazu aber auch eine ausdrückliche «innere Erlaubnis», die eine Frau sich selber gibt, damit sie sich darauf einlassen und so wertvolle Erfahrungen auch für die gemeinsame Sexualität machen kann.

Sich auch mal einfach auf ihn einlassen

Schließlich möchten wir hier noch etwas wiederholen, das in den meisten Fällen für die *Frau* wichtiger ist als für den Mann: Es ist auch möglich, das sexuelle Beisammensein einfach auch manchmal dem Mann zum «Geschenk» zu machen, auch wenn man selber keine oder kaum Lust darauf hat. «Ich tue es ihm zuliebe, weil ihn das so freut, weil er sich das so wünscht und sich dann überhaupt wieder auf Nähe einlassen kann!», so dazu eine Stimme. Drastisch hat dazu vor einiger

Zeit eine uns bekannte Sexualtherapeutin beim Thema «Miteinander schlafen» geantwortet, als eine Klientin empört fragte: «Und was mach ich, wenn ich dazu keine Lust habe?!» Sie sagte: «Um mit seinem Mann zu schlafen, braucht man keine Lust zu haben!»

Natürlich ist hier zu beachten, dass sich Frauen dazu auch nicht selber «vergewaltigen» dürfen. Es muss wirklich eine echte Entscheidung sein: «Ich gebe ihm das, weil ich es ihm aus dem und dem Grund wirklich geben *will*!» So kann es eine echte Bereicherung für die Beziehung werden – und vielleicht kommt auch hier dann «der Appetit beim Essen»!

Noch ein paar konkrete Tipps

Das Thema «Verhütung» sollte auf jeden Fall dann angesprochen werden, wenn die Partner sich nicht sicher sind, ob beide die gleiche Meinung über die Art der Verhütung haben. Es kann gute Gründe geben, warum einer von beiden oder beide bestimmte Methoden ablehnen oder Bedenken dagegen hegen. Weil aber dieses Thema sehr weit in die gemeinsame Intimität eingreift, sollte es auch miteinander besprochen und eine einvernehmliche Lösung, jedenfalls eine vorläufige, angestrebt werden. Wenn die Tendenz besteht, sich als Paar in der Sexualität in die Extrempositionen: «Einer will immer – der andere nie!», zu verlieren, raten wir:

- Die Positionen erst einmal in Frage stellen. Das heißt, statt: «Einer will immer – der/die andere will nie», reden wir von: «Einer will öfter – der/die andere will weniger oft.»
- Dann gilt es, sich klarzumachen: Beide Bedürfnisse sind o.k./normal! Sie sind nur unterschiedlich.
- Drittens tut es gut, im ruhigen, wertfreien Austausch miteinander nach den Hintergründen für dieses Muster zu forschen: Vielleicht liegt es an den unterschiedlichen Grundbedürfnissen nach Nähe, Eigenständigkeit, Planbarkeit oder Spontanei-

tät (siehe Kapitel 3, S. 34 ff.). Fragen Sie sich gegenseitig: Welches Grundbedürfnis kommt beim Sex zum Ausdruck? Will ich mittels Sex *Nähe* herstellen, weil ich sie sonst nicht erreiche? Oder geht es mir mehr um *Eigenständigkeit* beim Sex und ich sträube mich sofort, wenn mir der andere Druck macht? Oder bin ich ein *Dauer*-Typ und hätte gern, dass es immer auf die gleiche Weise abläuft, und am liebsten zu einem vorher festgelegten Termin, damit ich mich spontanen «Überfällen» nicht schutzlos ausgeliefert fühle? Oder aber ist mir Planung beim Sex ein Graus, weil ich mich dann in meiner *Kreativität* eingeengt fühle?

- Und viertens gilt es, gemeinsam *Lösungen* finden: Das können Kompromisse sein oder ein Sich-Einigen auf: «Zunächst machen wir es so, wie du willst, dann so, wie ich es will». Vielleicht kommt dann auch einmal so etwas dabei heraus: «Ein Qickie gegen einmal Badewanne-und-Kerzen-Vorspiel mit allem Drum und Dran.»[58]
- Um gemeinsam wieder in Stimmung zu kommen:
  - Regelmäßige Paarabende verabreden und sie im Kalender genauso blockieren wie wichtige Arzttermine!
  - Je nachdem, wann das Baby am besten fremdversorgt werden kann, wird daraus dann auch mal ein Paar-Nachmittag oder ein Paar-Frühstück.
  - Wer einen Paar-Termin mal absagen muss, ist verantwortlich dafür, dass ein Ersatztermin gefunden wird.
  - Dinge tun, die das Paar früher in Stimmung versetzt haben: die «alte» Musik hören, einen Film von damals auf den PC laden, Kerzen anzünden, tanzen … Vieles davon geht auch in den eigenen vier Wänden. Oder wenn danach keine Bedürfnis besteht: die Kneipe von damals besuchen, ins Kino gehen, Stadtbummel, shoppen.
  - Tabuthemen an einem solchen Abend sind: Haushalt, Reparaturen, Berufsstress, Kindererziehung, Familie, Großeltern.

- Einen eigenen Platz für Sex finden, an dem nichts an den Babyalltag erinnert. Wenn es den nicht gibt, sollten zumindest im Schlafzimmer keine Baby-Utensilien herumliegen.

Und zum Schluss noch ein paar Erfahrungsberichte aus dem Internet:

- «Wir haben festgestellt, dass wir, wenn wir für den kompletten Liebesakt keine Zeit haben, trotzdem intim miteinander sein können. Zuneigung ist so wichtig für uns, selbst wenn wir uns beim Vorbeigehen auf der Treppe nur küssen oder streicheln. Es erinnert uns daran, dass wir nicht nur Eltern sind, sondern auch Partner.» Louise
- «Wenn ich nach dem Küssen und Kuscheln im Bett zu müde für mehr bin, beobachte ich einfach meinen Partner, wie er sich selbst befriedigt. Das macht es für ihn aufregender und ich genieße es zu sehen, welche Wirkung allein meine Anwesenheit hat. Manchmal komme ich dann in Stimmung und mache wieder mit.» Rosie
- «Die Zeit, wenn das Baby ein Nickerchen macht, hat unser Sexleben gerettet. Wenn wir abends ins Bett gehen, bin ich zu müde. Aber am Sonntagnachmittag klappt es bei mir!» Lisa
- Und Clara schreibt: «Nach der Geburt meines Sohnes war es für mich wirklich schwer, mich wieder sexy zu fühlen. Es kam mir fast unnatürlich vor, die Rolle einer Mutter auszufüllen und in der nächsten Minute schon in die Rolle der Geliebten zu schlüpfen. Mein Partner hat das Problem gelöst, indem er mich umworben hat. Er verteilte im ganzen Haus kleine Liebesbriefe, ließ mir ein Bad ein und hat mir die Haare gewaschen. Im Prinzip hat er mich daran erinnert, warum ich mich in ihn verliebt habe und gerne mit ihm schlafe.»[59]

6. Kapitel: Neue und alte Rollen

Mutter werden, Vater werden – und der Einfluss der alten Rollenbilder

Mit dem Eltern-Werden übernehmen die Partner neue Rollen in ihrem Leben: die Mutter-Rolle und die Vater-Rolle. Im ersten Kapitel haben wir dargelegt, wie viele persönliche Veränderungen damit verbunden sind.

Die neuen Rollen fallen außerdem nicht einfach «vom Himmel», sodass wir sie unvoreingenommen und unbefangen annehmen bzw. einfach nach unseren heutigen Überzeugungen gestalten könnten. Sie sind in vielfältiger Weise «vorgeprägt»: durch die Rollen-Ideale der heutigen jungen Eltern-Generation, durch ihre Erfahrungen als Kinder mit den eigenen Eltern, durch die Modelle, welche ihre Eltern als Vater und als Mutter vorgelebt haben, und auch durch die Vorgaben der industriellen und nach-industriellen Gesellschaft, welche diese Rollenbilder in vielfacher Weise mitbestimmen. Solche Rollenbilder enthalten gewissermaßen immer auch die Aufforderung: «So und nicht anders soll es sein!» Sie beeinflussen also dann im konkreten Handeln mit dem Kind unser Verhalten, sie flüstern uns quasi zu: «So sollst du es machen, so ist es richtig!», oder aber auch: «Was machst du da nur?»

Damit sich junge Eltern nicht diesen Einflüssen gegen ihr bewusstes Wollen ausliefern, kann es von großem Nutzen sein, sich als junger Vater, junge Mutter zu überlegen: Wie sehen denn diese Rollenbilder für mich aus, und wie bin ich im Verhalten davon beeinflusst? Wo kann ich ein bewusstes Ja dazu sagen, und wo möchte ich es anders machen? Und wo stehe ich in Gefahr, mich, obwohl ich es anders machen will, trotzdem von solchen Rollenbildern leiten zu lassen?

Um diese Reflektiertheit zu erreichen, beschreiben wir in einem ersten Schritt die in unserer Gesellschaft wirksamen traditionellen Rollenbilder von «Vater» und «Mutter». In einem zweiten und dritten Schritt bedenken wir dann den Einfluss der Elternrollen, wie sie in unseren Herkunftsfamilien gelebt wurden, und wir überlegen dabei, wie unsere Kindheitserfahrungen mit unseren Eltern in die heutige Gestaltung unserer Mutter- und Vaterschaft einfließen. Ziel dieser Ausführungen ist es, Eigenverantwortung für das konkrete Verhalten als Vater und Mutter zu übernehmen und Gestaltungsfreiheit darin zu gewinnen.

Die heutigen Idealbilder der Vater- und Mutter-Rolle

Schauen wir uns hier zunächst an, welche Aufgaben das Eltern-Sein insgesamt mit sich bringt: Grundsätzlich beinhaltet es drei zentrale Aufgaben: Die *Existenzsicherung* der Familie einerseits, sprich: das nötige Geld verdienen, den Arbeitsplatz sichern, die Miete pünktlich zahlen. Des Weiteren die Aufgabe, *für das leibliche und emotionale Gedeihen des Kindes zu sorgen*, angefangen vom Stillen über das Warm-Anziehen bis dahin, dem neugierigen Wesen die nötige Anregung zu geben. Aber nicht nur Fürsorge braucht das Kind. Es *sucht bei den Eltern auch Orientierung,* will von ihnen wissen, was «richtig» ist und was «falsch», und dafür müssen die Eltern Grenzen setzen, die es davor bewahren, körperlichen oder seelischen Schaden zu nehmen. Gemeint ist das Nein, wenn das Kind alleine über die Straße laufen will, oder das Nein, das dem sozialen Lernen dient: «Du bekommst die Schokolade erst, wenn wir zu Hause sind!»

Wenn junge Paare heutzutage Eltern werden (wollen), sind sie, was die Rollengestaltung anbelangt, von den Idealbildern ihrer Generation, also der Generation der 25- bis 35-Jährigen, beeinflusst. Diese bieten allerdings ein sehr breites Spektrum von Möglichkeiten des Mutter- und Vater-Seins an. In der schon zitierten Umfrage des Familienministeriums (siehe 3. Kapitel, S. 28) zu Lebensentwürfen 20-jähriger Männer und Frauen heißt es: «Interessant ist, dass die Frauen dieses Feld (der Elternschaft) als von ihnen individuell gestaltbar begreifen. Sie sind sicher, dass sie mit ihrem zukünftigen Partner diese Fragen ‹auf gleicher Augenhöhe› aushandeln werden. Sie sehen sich völlig frei von kulturellen Altlasten (dass etwa traditionelle Rollenmuster greifen) wie auch von strukturellen Zwängen und Rahmenbedingungen.»[60]

Bei der Aufteilung dieser Aufgaben zwischen den Eltern sind heutzutage, in großem Unterschied zu früheren Generationen, wie wir noch sehen werden, die unterschiedlichsten Lebensmodelle wählbar. Im Bereich *Existenzsicherung* sind folgende Varianten möglich:

- Beide sind für die Existenzsicherung gleichzeitig und gleichwertig zuständig.
- Beide sind gleichwertig zuständig, aber zu unterschiedlichen Zeiten.
- Nur einer sorgt (zumindest zeitweise) für die Existenzsicherung, der/die andere kümmert sich (hauptsächlich) um das Kind.
- Und schließlich: Die Frau bleibt ganz zu Hause und überlässt dem Mann allein und dauerhaft das berufliche Feld und damit die Existenzsicherung, was heutigen Familien-Idealen eher nicht entspricht.

Ebenso vielfältig sind aus dem Blickwinkel der jungen Erwachsenen die Möglichkeiten, sich die Bereiche der *Fürsorge für das*

Kind aufzuteilen: Während «Orientierung» und «Grenzen setzen» früher schwerpunktmäßig väterliche Aufgabe war, wollen hier die Frauen durchaus ihren Teil übernehmen und eigene Akzente setzen. Vormals eher männliche Attribute wie Selbstsicherheit, berufliche Kompetenz, Erfolg, Aktivität, Zielstrebigkeit, Willensstärke, Leistungsfähigkeit reklamieren moderne Frauen selbstverständlich auch für sich und wollen sie auch in der Erziehung einbringen, während sie mehr und mehr verlangen, dass die Männer als Väter auch die rein versorgenden Tätigkeiten in der Erziehung – die leiblichen, wie die emotionalen – übernehmen. Väter als Mit-Erzieher sollen sich in der «Brut-Pflege» ebenso auskennen wie die Mütter, sie sollen feinfühlig, «mit dem Herzen präsent» (Eltern Club Schweiz) und absolut zugewandt sein. Noch einmal ein Ergebnis der Umfrage des BfF: «Politisch korrekt und modern ist heute ein Mann, der selbstverständlich bereit ist und die intrinsische Motivation hat, die Erziehung seiner Kinder aktiv mitzugestalten, dafür auch zu Hause bleiben würde, sich die Erziehungszeit mit seiner Partnerin zu teilen, auf eigene ehrgeizige Berufsambitionen zugunsten der Familie zu verzichten und eventuell Teilzeit zu arbeiten.»[61]

Diese Umfragen belegen, dass gegenüber den früher viel stärker vorgegebenen Geschlechter-Rollen die Möglichkeiten heute erheblich vielfältiger geworden sind. Neben dem großen Vorteil der Wahlfreiheit tun sich damit aber gleichzeitig auch zwei nicht unerhebliche Schwierigkeiten auf: Erstens bleibt die Wahl damit der eigenen Entscheidung überlassen und zweitens ist sie eine Sache der Vereinbarung von Mann und Frau und ihrer wechselseitigen Abstimmung aufeinander. Es braucht also eine klare Position: «Was will ich als Vater/Mutter sein und verwirklichen?» – und es braucht eine immer wieder herzustellende gemeinsame Entscheidung der Partner für das, was sie verwirklichen wollen. Beidem gerecht zu werden, ist nicht ganz leicht und benötigt viel Klarheit, Bewusstheit und Abstimmung aufeinander.

Und hier eröffnet sich nicht selten die zweite Schwierigkeit. Die BfF-Umfrage zeigt auf, dass Frauen in der Mehrzahl gegenüber jungen Männern «progressiver», selbstbewusster und entschlossener sind, während die jungen Männer vielfach die Sache weniger selbstbewusst angehen und auch in ihren Rollenbildern unklarer und unentschlossener sind, *wie* sie nun eigentlich als Vater sein wollen. Dies ergibt häufig ein gewisses «Machtgefälle» zwischen Männern und Frauen, das die Erreichung einer gemeinsamen Klarheit im Blick auf die künftige Elternschaft erschwert und Konflikte zwischen den werdenden und jungen Eltern mit sich bringt.

Es empfiehlt sich darum sehr, spätestens vom Zeitpunkt der Schwangerschaft an immer wieder die Gesprächsthemen zu behandeln: Welche Art von Eltern wollen wir sein? Wie stelle ich mir dich als Mutter, dich als Vater vor? Wie wollen wir mit der Aufteilung Beruf und Familie umgehen? Werdende und junge Eltern sollten sich darum bemühen, ein gemeinsames Idealbild davon zu entwickeln, wie sie sich ihre familiäre Triade Vater – Mutter – Kind «eigentlich» vorstellen – durchaus im Bewusstsein, dass es nicht immer oder nicht immer sofort möglich sein wird, es zu verwirklichen, ja dass es sogar eher wahrscheinlich ist – in der heutigen gesellschaftlichen Situation, auf die wir gleich zu sprechen kommen –, sich diesem Ideal nur in Kompromissen anzunähern.

Gesellschaftliche Rollen-Bilder von «Vater» und «Mutter»

Der Mann als «Familien-Erhalter» und «Regel-Setzer» – die Frau als «Familienmutter» und «beschützende Versorgerin»

Wenn wir zunächst von den Anforderungen ausgehen, mit denen ein Mann in der heutigen *Berufswelt*, besonders im produzierenden Gewerbe, konfrontiert ist, dann müssen wir sagen:

Seine Vater-Rolle wird hier (immer noch) in erster Linie gesehen als «Familien-Erhalter». Das ist im Interesse des Betriebes: Wenn er alle seine Kräfte in den Beruf investiert, kann er gutes Geld für seine Familie verdienen, aber er ist damit vor allem auch zu hundert Prozent für die Firma da. Sich um Haushalt und Kinder kümmern – das soll gefälligst seine Frau tun! Wie Beruf und Familie zu vereinbaren sind, das ist nicht mehr Sache des Betriebes, das ist reine Privatsache. Der Mann soll jedenfalls frei sein für die Firma!

Historisch gesehen ist dieses Familienbild «Arbeitsmann und Familienfrau» durch den Prozess der Industrialisierung im Übergang von der Agrar- zur Industriegesellschaft entstanden. In der vorausgehenden Agrargesellschaft gab es diese Aufteilung noch nicht. Mann und Frau hatten gleichermaßen ihre (zwar unterschiedlichen, aber gleich wichtigen) Aufgaben für das wirtschaftliche Überleben des bäuerlichen Betriebes. Damit teilten sie sich aber auch die Eltern-Rolle der Existenzerhaltung. Und für die Kinder musste im Großen und Ganzen gar niemand eigens sorgen, sie wuchsen einfach mit auf. «Erziehung» mit all den im Laufe der letzten Jahrzehnte entstandenen Idealen und Ansprüchen, das war damals eher unbekannt.

Durch die Industrialisierung vollzog sich hier ein tiefgreifender Wandel: Wer arbeitete, musste «von zu Hause weg», in den Betrieb, in die Fabrik – also weg von der Familie. Die Kinder aber waren zu Hause. Also war die Frau für sie zuständig. Für den Mann, der harte und durch Regeln gesteuerte Arbeit leisten musste, blieb höchstens noch die ebenfalls «harte» Aufgabe, den Kindern Orientierung zu geben und Grenzen zu setzen. Vielfach bekamen die Männer, wenn sie abends nach Hause kamen, von der Frau die Aufgabe, dieses oder jenes Kind wegen eines Vergehens zu ermahnen oder gar zu züchtigen für etwas, das während ihrer Abwesenheit passiert war.

Es wurde in dieser Zeit als Zeichen eines gewissen Wohlstands gesehen, wenn nur *ein* Familienmitglied, nämlich der

Mann, arbeiten gehen musste! So entstand das Familien-Bild und sogar Familien-Ideal von «Arbeitsmann und Familienfrau»!

Die Zeiten haben sich heute – seit etwa Mitte des vorigen Jahrhunderts – allerdings massiv verändert. Das Berufsleben wird immer stärker von Dienstleistung und Informationstechnologie bestimmt. Die eigentliche Produktion im traditionellen Sinn, für die männlich-physische Kraft gebraucht wurde, nimmt einen immer geringeren Stellenwert ein. Und vor allem: Der Emanzipationsprozess lässt Frauen diese einseitigen Aufteilungen nicht mehr akzeptieren. Der Qualifikation und der Ausbildung nach haben die Frauen die Männer erreicht, teilweise sogar überholt, wie Schulergebnisse, die Zahl der Frauen in einigen Berufen, die früher Männer-Domäne waren (z.B. Mediziner), und die Anzahl weiblicher Studierender zeigen. Frauen wollen in immer größerer Zahl beruflich die gleichen Möglichkeiten und ähnliche Aufgaben wie Männer. Und die Männer sollen in ihren Augen auch familiäre Aufgaben übernehmen und hier auch die früher «typisch weiblichen» Seiten leben, wie liebevolle Sorge und sensibles Eingehen auf kindliche Wünsche! Allerdings haben Betriebe und ihr Management diese Entwicklung bisher nur zu einem sehr geringen Prozentsatz mit vollzogen. Die alte Aufteilung der Rollen herrscht von den Erwartungen und der Bezahlung her immer noch vor. Berufliche Angelegenheiten haben hier für die Männer immer noch Vorrang. Ob einer Familie hat, ob er daran ist, Vater zu werden, und was dies und welche Anforderungen an ihn dies mit sich bringt, das lässt Betrieb und Vorgesetzte vielfach immer noch kalt.

Das Traurige, ja Skandalöse dabei ist: Dieses Männer-, Frauen- und Familienbild wird nach wie vor auch von der Politik unterstützt. In den letzten Jahrzehnten wurde der Großteil der fördernden Maßnahmen für private Kinderbetreuung, und das heißt für Mütter und ihre traditionelle Mutter-Rolle, geleistet, zuletzt zum Beispiel durch das sogenannte «Betreuungsgeld». Finanzielle und organisatorische Maßnahmen für die gemeinsame, gleichwertige oder auch für außerfamiliäre Kinderbetreuung stecken dem gegenüber immer noch in den Anfängen und reichen für einen wirklichen Wandel bei weitem nicht aus. Dadurch wirkt aber dieses Männer-, Frauen- und Familienbild immer noch sehr konkret in Richtung altes Familienbild fort und beeinflusst die große Mehrheit junger Familienväter, obwohl eine wachsende Zahl von ihnen eigentlich etwas anderes will.

Denn nicht nur die Frauen wollen heute etwas anderes. Immer mehr Männer wollen auch präsente Väter sein, nicht mehr nur «Familien-Erhalter» und «Arbeitsmänner». Dadurch kommen sie aber erst recht ins Dilemma. Wenn eine berufstätige Frau heute schwanger wird, wird dies im Betrieb eher als «normal» angesehen. Sie kann in Mutterschutz gehen, sie kann auch länger beim Kind bleiben, als es von der gesetzlichen «Elternzeit» her vorgesehen ist. Man hat mindestens Verständnis dafür – allerdings um den Preis, dass sie ja ohnehin als Frau mit Kind für eine besondere berufliche Laufbahn kaum in Frage kommt. Für den Mann ist es aber anders: Wenn er ein «werdender Vater» ist, ist das dem Betrieb und den Vorgesetzten gleichgültig. Und wenn er dann sogar noch Elternzeit nimmt – ob die ganzen sechs Monate, die ihm gesetzlich zustehen, oder kürzer –, macht er sich in vielen Betrieben immer noch unmöglich. Und alles, was er darüber hinaus in Anspruch nehmen würde, gefährdet akut seine Karriere, ja oft sogar seine Anstellung. Die Atmosphäre – oft auch unter den Kollegen – ist also alles andere als «familienfreundlich». Ein Klient, der sechs Monate Elternzeit in Anspruch genommen hatte, berichtete, wie ihm dies sehr konkret und schmerzlich spürbar wurde, als sich Ex-Kollegen über ihn lustig machten, als sie ihn mit seinem kleinen Sohn im Sandkasten spielen sahen. Es braucht also großen Mut, die Prioritäten mehr in Richtung der Bedürfnisse von Frau und Kind zu verlagern – denn der Mann gefährdet damit möglicherweise sich und die wirtschaftliche Grundlage seiner jungen Familie!

Das deutsche «Übermutter-Ideal»

Ein zweites, nicht minder wichtiges Problem ist, dass in deutschen Köpfen immer noch ein eigenartiges Mutterbild herumspukt: das Bild der idealen «Übermutter». Sie versorgt alle, ist für alle da, rund um die Uhr. Sie fördert die Kinder in ihrer Entwicklung, nicht nur in ihrer körperlichen, auch in ihrer emotionalen, intellektuellen und musischen Entwicklung, fährt sie von Termin zu Termin, zum Musik-Unterricht, zur Nachhilfe, zum Sport, zum Ballett und dergleichen mehr. Dieses Mutterbild hat viele Frauen heutzutage «im Griff» – oder macht ihnen zumindest ein schlechtes Gewissen, wenn sie ihm nicht entsprechen –, und je weniger sie ihm entsprechen, desto mehr.

Sicher gibt es auch Frauen, die sich von diesem Mutterbild mit aller Kraft distanzieren. Sie wollen auch als Mütter *moderne* Frauen sein, die Kinder haben, aber auch einen Vollzeit-Beruf. Dafür setzen sie eine Menge Energie und hohe Kompetenz ein. Doch auch bei ihnen schleicht sich nicht selten die «ideale Übermutter» sozusagen durch die Hintertür wieder ein: indem sie einerseits, was ihre Wertvorstellungen und Erziehungsgrundsätze angeht, ganz klare und moderne Vorstellungen mit ihren Kindern verwirklichen, sich aber allein für alles zuständig fühlen und sich von niemandem dreinreden lassen, auch von ihren Männern nicht. Sie haben zwar einen vollwertigen Beruf, fühlen sich aber trotzdem – wie die traditionelle «deutsche Übermutter» – allein für die Kinder und deren Versorgung zuständig.

Die «Übermutter» scheint vor allem ein Ideal in deutschsprachigen Ländern zu sein. In Frankreich und den skandinavischen Ländern lassen sich viel weniger Frauen von einem solchen Idealbild vereinnahmen. Möglicherweise stoßen wir hier, zumindest in Deutschland, auf ein noch nicht bearbeitetes Relikt aus der Zeit des Nationalsozialismus. Damals wurde dieses Bild der «deutschen Mutter» propagiert und massiv verbreitet: die Frau, die vor allem für die Entstehung und den Erhalt der «deutschen

Herrenrasse» verantwortlich und zuständig ist. Dies sollte die spezifische und sie auszeichnende Aufgabe der Frauen sein, während sich die Helden-Männer dem Aufbau und der Erweiterung des angemessenen Lebensraumes für diese Herrenrasse zu widmen und zu opfern hatten.

Durch die oben beschriebene Arbeitsorganisation in den Betrieben und den entsprechenden Mangel an politischer Förderung wird das Ideal eines gleichberechtigten Familienkonzepts untergraben und dieses Bild der Übermutter immer noch unterstützt. Es beeinflusst junge Frauen, es schränkt damit die Wahlfreiheit ein. Frauen machen sich ein schlechtes Gewissen, wenn sie Kinder haben und entsprechend ihrer qualifizierten Ausbildung auch einen ihr entsprechenden Vollzeitberuf ausüben wollen. Dadurch kommen sie oft in ein kaum lösbares Dilemma. Viele verzichten darum dann doch auf ihre beruflichen Ambitionen und geben sich mit einem bescheidenen Neben- und Teilzeitberuf zufrieden – oder aber sie verzichten ganz auf Kinder. Was noch häufiger zu beobachten ist: Sie schieben die Erfüllung ihres Kinderwunsches immer wieder hinaus, in der Hoffnung, Kinder dann auf die Welt bringen zu können, wenn sie beruflich entsprechend gefestigt «im Sattel sitzen». Aber dann ist es oft zu spät. Dann macht die Biologie nicht mehr mit, es «klappt» einfach nicht mehr, oder man hat sich mit dem Leben zu zweit schon so eingerichtet, dass der Übergang zur familiären «Drei» ein zu großes Durcheinander anrichten würde und ein Schritt in eine zu wenig kalkulierbare Zukunft wäre.

Wenn Frauen mit ihrer ursprünglichen Berufswahl nicht zufrieden sind, sind sie eher froh über die Unterbrechung und die Gelegenheit zu neuer Orientierung, die ihnen die Mutterschaft bietet. Allerdings schieben sie dann meist den Wiedereinstieg hinaus, machen wiederholt Weiterbildungen, haben aber eine so hohe Erwartung an die berufliche Erfüllung, dass sie dann doch nicht selten in der «Kinderfalle» hängenbleiben. Es besteht sogar die Gefahr, dass sie es dem Partner dann zum Vorwurf machen, ihnen einen zweiten beruflichen Start nicht ermöglicht zu haben, obwohl sie sich das selber und ihrem mangelnden Selbstvertrauen zuschreiben und sich damit auseinandersetzen müssten.

Auswirkungen auf die Paarbeziehung, und was hier zu tun ist

Paare, die Eltern geworden sind, sollten sich bewusst sein: Vor allem über die zu geringe staatliche Förderung einer gleichwertigen Aufteilung von Beruf und Familie für beide Partner wirken sich diese überholten gesellschaftlichen Rollenbilder nach wie vor und unvermeidbar auf das konkrete Verhalten der Partner aus. Männer, die im Beruf vorankommen wollen, stehen immer wieder unter dem akuten Druck, «nur» noch Arbeitsmann und Familien-Erhalter und zu Hause kaum noch präsent zu sein. Frauen wiederum, die dem Kind ein gutes Aufwachsen bieten wollen, fühlen sich dann veranlasst, die alte Mutter-Rolle einfach wieder zu übernehmen. Sie bleiben ganz zu Hause oder lassen sich in Teilzeitjobs und auf berufliche Nebengeleise abschieben.

Oder aber: Beide Partner halten trotzdem am Ideal von Beruf *und* Familie fest, sodass beide Anforderungen – das der Übermutter und der Berufsfrau und das des präsenten Vaters und des Arbeitsmannes – zusammenkommen. Dies hat eine totale Überforderung der Kräfte aller zur Folge. Die Frau will eine «perfekte Mutter» sein und rund um die Uhr für das Kind zur Verfügung stehen, aber auch einen vollwertigen Beruf haben. Und der Mann steht unter dem Druck seiner beruflichen Anforderungen, will aber auch ein präsenter Vater sein. Beide quälen sich mit diesem Doppel-Anspruch und verschleißen sich regelrecht bis zur völligen Erschöpfung.

In beiden Fällen haben Männer und Frauen dabei das Gefühl: Ich kann ja nicht anders, obwohl ich doch anderes möchte. Und wenn ihnen der gesellschaftliche Druck, dem beide ausgesetzt sind, nicht ganz klar bewusst ist, liegt eine Tendenz sehr nahe: Sie fangen an, den Ärger darüber auf den anderen zu richten und *ihm* die Schuld an der Situation zu geben: «Du bist ja nie da», schimpft die Frau, und er darauf: «Hast du eine Ahnung, wie es bei uns im Betrieb zugeht. Dagegen hast du hier ein ruhiges Dasein mit dem Kind ….» – und schon entwickelt sich daraus einer dieser schlimmen «Teufelskreise», die mit Krach oder Abbruch des Kontakts enden und auf jeden Fall zu beiderseitigem Frust führen.

Wegen dieser Situation ist es in allerester Linie für beide Partner sehr wichtig, sich nicht nur des eigenen Drucks bewusst zu werden, sondern auch des Drucks, unter dem der andere steht. Er handelt nicht aus bösem Willen oder Nachlässigkeit. Jeder der beiden bräuchte mehr Spielraum, mehr Freiraum. Der Druck in den Betrieben, vor allem für die Männer, ist wirklich enorm: Wenn du nicht spurst, bist du weg vom Fenster – so die Devise! Und entsprechend hoch ist der Druck für die Frau: eine Kombination aus «Übermutter-Ideal», dem sie sich meist nicht ganz entziehen kann, dem Anspruch, vollwertige Berufs-Frau zu sein, und dem Mangel an geeigneter oder erschwinglicher Kinderbetreuung … Diesen Druck auf beiden Seiten immer wieder zu sehen, würde das Paar versöhnlicher stimmen. Das wäre der erste Schritt: dem andern genau zuhören, sich in seine Situation hineinversetzen, sein Problem ernst nehmen.

Der zweite Schritt wäre dann die Frage: Wie finden wir eine Lösung, die uns nicht so total überfordert, und zwar vor allem eine «für die nächste Zeit». Die Idee einer idealen Lösung für jetzt und alle Zukunft sollten dabei beide vergessen. Möglich sind – in unserer gesellschaftlichen Situation – in der Regel nur Kompromisse: Kompromisse, die beiden etwas abverlangen, aber beiden – und auch den Bedürfnissen des Kindes – ein Stück entgegenkommen, aber von Ideal-Lösungen meist recht weit entfernt sind. Für die Mehrzahl der Paare in unserer Gesellschaft ist meist nichts anderes möglich als solche Kompromisslösungen.

Wie könnten solche Lösungen etwa aussehen? Dazu zwei Beispiele:

Beide Eltern akzeptieren die Fremdbetreuung ihres Kindes, obwohl sich einiges in ihnen dagegen wehrt – aus dem Wissen heraus, dass solche Fremdbetreuung Kindern schon in sehr jungem Alter keineswegs schadet. Wenn sie keinen geeigneten und ausreichend finanzierten Platz in einer Kindertagesstätte finden, greifen sie vielleicht für eine geeignete Tagesmutter tiefer in die Tasche, als sie das aus Sparsamkeitsgründen und Sorge um die Zukunft sonst tun würden. Sie geben der Gegenwart und den beruflichen Wünschen der Frau Vorrang vor ihren Zukunftssorgen – und immer wieder hören wir, dass sich das auf die Dauer durchaus bewährt.

Oder – zweites Beispiel – die Frau verzichtet bei allem Risiko, das darin steckt, im Interesse des Kindes zunächst auf eine vollwertige Berufstätigkeit, dafür verpflichtet sich der Mann, an gewissen Tagen und zu gewissen Zeiten wirklich verlässlich da zu sein, damit sie z. B. Fortbildungskurse besuchen oder auch einen Teilzeitjob in ihrer Firma ausüben kann, um den Kontakt zu dieser für einen späteren Einstieg nicht ganz zu verlieren. Er wiederum verteidigt dann seine Abwesenheiten bei solchen Terminen auch seinen Vorgesetzten gegenüber mit ganzer Konsequenz – bei allem Risiko, das darin steckt. Immer wieder zeigt sich aber, dass die Angst der Männer davor größer ist als das tatsächliche Risiko: Wenn Männer – bei allem Engagement für den Betrieb – auch ihre familiären Verpflichtungen klar artikulieren, sind Vorgesetzte häufiger, als sie vermuten, bereit, darauf einzugehen.

Bleibt der Mann zu Hause, gilt natürlich Gleiches: Auch sie sollte ihr Engagement im Beruf zugunsten familienfreundlicher Arbeitszeiten begrenzen. Schwieriger als das ist es aber in der Regel für sie, mit dem Partner ihren angestammten «Herrschaftsbereich», die Küche und den engen Kontakt zum Kind, zu teilen, was dann manchmal dazu führt, dass sie ständig an ihm herumkritisiert, wie er sich um Kind und Haushalt kümmert, anstatt ihm seine Art, dies zu tun, zu lassen.

Nötig für solche und andere derartige Kompromisse (außer der erwähnten Bereitschaft zum wechselseitigen Verständnis für die Situation des jeweils anderen Partners) sind immer vier Dinge: erstens bei beiden die Bereitschaft zu einem Stück eigenen Verzichts, zweitens die Bereitschaft, dem Kind auch etwas zuzumuten, drittens der Wille, auch zu Hause präsent zu sein (das gilt meist für den Mann), und viertens der Wille, die eigenen beruflichen Ambitionen nicht vollständig aufzugeben (das gilt meist für die Frau). Beim Finden einer Lösung (für die nächste Zeit) sollten Paare immer darauf achten, dass diese Komponenten berücksichtigt werden, damit einer von ihnen nicht zu große Nachteile erleidet.

Wenn Paare sich wegen der geschilderten gesellschaftlichen Situation (wohl oder übel) doch dafür entscheiden, dass die Frau vorübergehend oder auch auf ziemlich lange Zeit im Interesse des Kindes ihre beruflichen Ambitionen zurückstellt, hat dies zur Folge, dass sie nichts oder erheblich weniger verdient als der Mann. Die daraus resultierende wirtschaftliche Abhängigkeit vom Mann schwächt oft ihr Selbstwertgefühl (Stichwort «Status»!) ihm gegenüber. Das führt zu Unzufriedenheit und deshalb ebenfalls zu unerquicklichen Streitereien.

Als Grundsatz müsste hier gelten: Das Einkommen, das der Mann verdient oder das beide – zu gleichen oder ungleichen Teilen – verdienen, muss dann, wenn sie zu einer Familie mit Kind geworden sind, immer als *gemeinsames* Einkommen für die *ganze* Familie gesehen werden. Nur so kommt man aus der üblen «Rechnerei» heraus, wer mehr, wer nichts oder weniger verdient und sich deshalb im Nachteil fühlt.

Sobald die beiden ein Paar geworden sind, und noch mehr, sobald sie durch ein Kind eine Familie sind, gilt es auch in finanziellen Dingen, «gemeinsame Sache» zu machen. Das ist die einzig gültige Sichtweise. Sonst bleiben die beiden in einem fatalen

Individualismus stecken. Das Engagement des Mannes ist für die Familie, das Engagement der Frau ist für die Familie, diese ist ihre *gemeinsame Sache.* Darum ist es auch nur recht und billig, aus dem oder den Einkommen ebenfalls eine gemeinsame Summe zu machen. Die ist zum Nutzen aller Familienmitglieder da und damit soll sie auch entsprechend aufgeteilt werden. Ein praktisches Rezept dafür: Das Einkommen bzw. die beiden Einkommen kommen *in einen* Topf, und dann wird dessen Inhalt in drei Teile geteilt: ein Teil – der größere – für den gemeinsamen familiären Aufwand und zwei gleiche – kleinere – Teile für die individuellen Bedürfnisse von Mann und Frau, über die jeder nach eigenem Gutdünken verfügen kann. Der Aufwand für das Kind bzw. die Kinder, solange sie sinnvollerweise noch kein Taschengeld bekommen, wird dem gemeinsamen Aufwand zugerechnet.

Wichtig dabei ist auch immer wieder, bei allen äußeren Zwängen sich trotzdem bewusst zu machen und sich miteinander darüber auszutauschen: Was ist unser eigentliches Idealbild vom Verhältnis «Beruf und Privatleben», mit dem wir angetreten sind? Das soll nicht in Vergessenheit geraten! Und: Hier sind auch Wandlungsprozesse möglich.

Es soll auch möglich sein, dass der Mann, beispielsweise durch die beruflichen Chancen, die sich mit einem Mal seiner Frau eröffnen, bei sich entdeckt: Eigentlich ist mir meine berufliche Karriere nicht so unendlich wichtig. Ich könnte auch reduzieren und mehr beim Kind zu Hause sein … Oder auch bei der Frau: Mir gefällt es zu Hause mit dem Kind, mit den Kindern eigentlich sehr gut. Und es gibt ehrenamtliche Nebentätigkeiten, die mich sehr ansprechen! Warum sollte eine Entscheidung gegen eine eigene Berufstätigkeit – auch heute in der Zeit der Frauen-Emanzipation – nicht möglich sein, ohne dass die Frau sich als «Heimchen am Herd» fühlen müsste? Solche Erkenntnisse werden oft erst im gemeinsamen Austausch konkret und führen deshalb dann auch zu gemeinsamem Handeln. Dieses gemeinsame Handeln macht die beiden auch selbstbewusster und schützt davor, mögliche Kritik der Umgebung zu ernst zu nehmen. Dadurch aber sorgen beide dafür, dass die familiäre Triade immer wieder ins Gleichgewicht kommt und das Dreieck der Familie nicht «aus der Balance» gerät.

Die Rollenmodelle der eigenen Eltern

Kein Grund mehr zur Rebellion?

Natürlich wollen junge Väter und Mütter heute ihre Elternrollen eigenständig gestalten. Die «vor-modernen» Zeiten, in denen diese Rollen einfach festgelegt waren und von Generation zu Generation weitergegeben wurden, sind endgültig vorbei, obwohl sie, wie wir ausgeführt haben, immer noch nachwirken. Väter und Mütter wollen heute auswählen dürfen, was sie übernehmen und was nicht. Der gesellschaftliche Wandel mit seinen vielen Eltern-Rollen-Bildern macht das auch möglich. Noch in den letzten Jahrzehnten des vergangenen Jahrhunderts galt für viele die Maxime: auf keinen Fall die Erziehungsgrundsätze der eigenen Eltern übernehmen! Sie wollten fast in allem «das Gegenteil» dessen tun, was sie bei ihren Eltern als engstirnig, prüde und autoritär erlebt hatten: antiautoritäre Erziehung, Familienkonferenzen, in denen die Stimmen der Kinder gleiches Gewicht wie die der Eltern hatten, freizügiger Umgang mit Sexualität usw., um nur einige Stichworte zu nennen. Diese 68er- und Nach-68er-Generation verhielt sich ihren Kindern gegenüber freizügiger, einfühlsamer und unterstützender, jedenfalls war dies in den politisch engagierten und intellektuellen, meist städtischen Milieus der Fall.

Dies hat bei der Generation von deren Kindern, den heutigen jungen Eltern, zur Folge, dass diese in der Gestaltung einer eigenständigen Vater- und Mutterrolle nicht mehr so häufig im grundsätzlichen Gegensatz zu den eigenen Eltern stehen. Sie haben ja meist keinen Grund mehr zu einer ähnlichen Rebellion, wie sie noch ihre Eltern gegenüber deren Eltern erlebten. Darum ist ihr Kontakt zu den Eltern meist sehr viel friedlicher, als dies früher der Fall war. Das heißt allerdings nicht, dass die Reflexion über die eigene Elternrolle damit überflüssig geworden wäre – wir werden darauf weiter unten noch zurückkommen. Außerdem gilt das eben Gesagte hauptsächlich für diejenigen jungen Eltern, die in einem städtischen Milieu aufgewachsen sind, weniger aber für solche, die aus einem traditionell orientierten ländlichen Milieu stammen.

Junge Eltern aus traditionell orientiertem Milieu

Vor allem in der ländlichen Bevölkerung haben sich die traditionellen, oft religiös-moralisch geprägten Erziehungsmethoden noch bis in die Gegenwart gehalten. Hier musste und muss sich die Jugend oftmals noch immer, wenn sie sich nicht allzu sehr vereinnahmen lassen will, sehr radikal abwenden – ohne auf das Wohlwollen, den «Segen» der Eltern rechnen zu können. Das kann Ursache für einen über die Maßen hohen Energieaufwand sein, der sich dann in der Qualität der Paarbeziehung und des Zusammenwirkens als Familie niederschlägt. Ein konkretes Beispiel dazu aus unserer therapeutischen Praxis:

> Rudolf, Jahrgang 1980, stammte aus einer bäuerlichen Familie und sollte eigentlich den elterlichen Hof übernehmen. Aber das wollte er nicht. Er wollte studieren. Für den Vater wäre das akzeptabel, ja sogar erwünscht gewesen, wenn er Theologie gewählt hätte, um Pfarrer zu werden. Aber auch das wollte Rudolf auf keinen Fall. Er wählte – gegen den Willen des Vaters und unter großem eigenem Kraftaufwand (er musste ja für fast alles allein aufkommen) – ein Medizinstudium und wurde Zahnarzt. Doch sein beruflicher Erfolg versöhnte den Vater keineswegs. Deshalb

«musste» Rudolf immer noch mehr tun, um dem Vater letztlich doch noch zu beweisen, dass er den richtigen Weg gewählt hatte. Dies hatte zur Folge, dass er sich über die Maßen beruflich engagierte, sehr zu Lasten seiner Partner- und Vaterrolle. Er war zu Hause wenig präsent, und wenn, dann wurde er in seiner Erschöpfung zum «kleinen Jungen», der von seiner Partnerin aufgepäppelt werden wollte.

Er hatte also alles, was er erreicht hatte, *gegen* seinen Vater durchgekämpft – mit dem Ergebnis, dass er in seinem beruflichen Über-Engagement von diesem Vater immer noch beherrscht wurde und für seine eigene Familie nicht frei war. Außerdem stellte er mit Erschrecken fest, dass er in seiner väterlichen Funktion als Orientierung-Gebender für seine Kinder zwar genau das Gegenteil von seinem Vater anstrebte, nämlich diese ermutigend und anerkennend bei der Erreichung ihrer Ziele zu begleiten, in der Art aber, *wie* er das machte, genau so starr und autoritär war wie dieser. Eigentlich wollte er alles «ganz anders machen» als sein Vater. Das Ergebnis war aber: Er war in der Gestaltung seiner eigenen Mann- und Vater-Rolle noch immer von ihm gefangen, weil er sich in der Gegenposition «Ich will es dir beweisen …!» fixierte.

Junge Eltern aus gescheiterten Ehen

Ähnliches erleben wir immer wieder auch bei jungen Eltern, bei denen ein oder beide Partner aus gescheiterten Ehen stammen, was ja in dieser Generation nicht selten ist. In der Elterngeneration heutiger junger Eltern begann die Scheidungsrate kontinuierlich zu steigen – bis auf das heute schon seit einiger Zeit erreichte gute Drittel aller geschlossenen Ehen. Kinder dieser Generation, die heutigen jungen Eltern, stehen oft auf dem Standpunkt: So wie meine Eltern, so wie mein Vater, so wie meine Mutter will ich es in meiner Ehe, in meiner Familie auf keinen Fall machen! Auch hierfür ein Beispiel:

Eugene, Jahrgang 1986, war das Kind einer Philippinin und eines Franzosen. Sie war in Frankreich auf die Welt gekommen. Die Ehe ihrer Eltern war für sie eine einzige Katastrophe: Der Vater sei gegenüber der Mutter überaus bevormundend und hart gewesen, erzählt sie, und sie selbst sei im Laufe der Zeit immer mehr in die Rolle einer Unterstützerin und Trösterin der Mutter geraten. Sie habe große Mühe gehabt, sich aus dieser Rolle zu lösen, vor allem auch in der ersten Zeit der Trennung ihrer Eltern, als ihre Mutter ja «niemanden mehr außer mir hatte». Dies gelang ihr dann doch, sie verliebte sich in einen Deutschen, den sie heiratete, mit dem sie auch nach Deutschland zog und mit dem sie ein Kind bekam.

Eines Tages entdeckte die junge Frau, dass ihr Mann schon seit einiger Zeit eine Geliebte hatte, was sie natürlich ungeheuer kränkte. In der Paartherapie stellte sich dann heraus, dass Eugene diese Ehe unter dem Motto eingegangen war: «Auf keinen Fall so wie meine Mutter! Ich will nicht das Opfer sein!» Dies hatte zur Folge, dass sie ihrem Mann nichts «durchgehen ließ». Er musste pünktlich zu Hause sein, er musste zu möglichst gleichen Teilen die Versorgung des Kindes übernehmen, er musste immer «da sein» – ganz im Gegenteil zu dem, was sich ihre Mutter von ihrem Vater hatte gefallen lassen und sie selbst von ihm erfahren hatte. Der Mann aber entzog sich diesem strengen Regiment, indem er sich eine Geliebte nahm ...

Was wir aus beiden Beispielen lernen: Die strikte Ablehnung der Art und Weise, wie die eigenen Eltern Partner- und Eltern-Rolle gelebt haben, insgesamt oder in einzelnen Lebensbereichen, führt nicht zu echten Alternativen. Im Gegenteil: Sie führte bei Eugene schließlich dazu, dass sie wieder in die gleiche Opferrolle geriet wie ihre Mutter, ja sogar, dass ihr Mann die gleiche Rolle einnahm wie ihr Vater, nämlich die des «Täters»!

Fazit aus beiden Beispielen: Wenn Partner und Eltern heute mit dem Motto antreten: «Auf keinen Fall so wie meine Eltern», erreichen sie in der Regel genau das Gegenteil des eigentlich Gewollten – sie geraten genau in die gleichen Rollen, ja sie erleiden sogar oft ein ähnliches Schicksal wie ihre Eltern. Wie kommt das? Wenn man das «absolute» Gegenteil zu seinen Eltern anstrebt, bleibt man von ihnen genauso abhängig, wie wenn man sie unreflektiert einfach «nachmacht».

Es handelt sich dabei um eine sogenannte *Gegenabhängigkeit*, vergleichbar mit den Phasen der Rebellion in der Entwicklung des Kindes, die man Trotzphase und Pubertät nennt. Für das Kind geht es dabei um eine notwendige und vorübergehende Phase, um eine Art «Einübung» von Selbständigkeit, wobei es die Eltern jedoch noch immer braucht. Wenn man sich aber im Erwachsenenalter in eine solche Phase «verrennt», ist die Folge, dass eine gewaltige Energie weiterhin in Richtung Ablösung von den Eltern fließt: eine Energie, die dann für die Anforderungen an den Erwachsenen im konkreten Familien- und Paaralltag nicht zur Verfügung steht. Die jeweiligen Partner fühlen sich dann oft in die Rolle eines «übermächtigen Vaters» oder einer «immer verständnisvollen Mutter» gedrängt und reagieren verständlicherweise mit Widerstand.

Allerdings können solche bitteren Erfahrungen, wie wir sie hier geschildert haben, auch dazu führen, frei von diesen Mustern zu werden, vor allem wenn sie therapeutisch aufgearbeitet werden. Worauf es hier ankommt: zu sehen, dass das «Gegenteil von» keine wirkliche «Alternative zu» ist. Natürlich will und soll man es in ähnlichen Fällen «anders als die Eltern» machen, aber das muss nicht das Gegenteil von den Eltern sein, es muss das sein, was uns selber entspricht, was unseren Bedürfnissen entgegenkommt, was wir von uns aus wirklich wollen. Oft finden Menschen, mit denen man daran arbeitet, Anregungen und Modelle dafür durchaus *auch* in ihren Herkunftsfamilien.

So entdeckte Eugene in unserem Beispiel, wie ihre Mutter imstande war, trotz der Dominanz des Vaters eine innere Stärke und Würde zu behalten. Das ließ Eugene das Opferbild, das sie von ihrer Mutter hatte, überdenken und so auch ihr eigenes Opfergefühl gegenüber ihrem Mann und seiner Untreue. Das wiederum machte Eugene ihrem Mann gegenüber geduldiger und bereiter, auch ihren Anteil an seiner Außenbeziehung zu sehen, wodurch eine gute Grundlage für eine konstruktive Weiterarbeit gelegt wurde.

Auch Rudolf sah im Verhalten seines Vaters plötzlich etwas Positives: nämlich dessen Präsenz in der Familie und sein Bemühen, ihn in das Leben auf dem Bauernhof mit einzubeziehen, auch wenn er ihn damit in der Wahlfreiheit seines eigenen beruflichen Weges zu behindern versuchte und darin viel zu starr agierte. Doch sah Rudolf auch, wie wenig er im Gegensatz zu seinem Vater für die Kinder präsent war und wie wenig er ihnen mitteilte, womit er sich den ganzen Tag über beschäftigte.

Wenn Paare und Partner eine Alternative zum Verhalten ihrer Eltern finden wollen, ist es wichtig, sich aus dem bloßen «Gegenteil» von den Eltern zu lösen. Das «Anders als» ist vielmehr auch in einer gewissen Kontinuität zur Herkunft und zum eigenen Elternhaus zu finden!

Auch wenn solche Gegensätze nicht existieren: Unser «Skript»

Viele heutige junge Eltern dürften das Problem, «alles anders machen zu *müssen* als die eigenen Eltern», gar nicht haben. Außerdem werden ihnen ja, wie wir gesehen haben, eine ganze Menge an Rollenbildern von der heutigen Gesellschaft angeboten, aus denen sie wählen können, wie sie es machen wollen. Heißt das, dass sie also in dieser Hinsicht frei und vollkommen eigenständig in der Wahl und Gestaltung ihrer Eltern-Rolle sind? Mitnichten! Was sie bei ihren Eltern erlebt haben, hat sich ja auch bei ihnen tief ins eigene Verhalten eingeprägt. In der Wissenschaft wird hier von *tief verinnerlichten Modellen*[62] gesprochen, die wir von unseren Eltern übernommen haben, und diese Modelle sind keineswegs in allen Aspekten positiv und konstruktiv für die Kinder und die Paarbeziehung. Darum empfiehlt es sich sehr, im Zusammenhang mit dem eigenen Eltern-Werden auch darüber zu reflektieren, was wir da auch an Unerwünschtem «mitgenommen» haben, um nicht unbewusst und nachhaltig auf Gleise zu geraten, die sich für alle Beteiligten der familiären Triade negativ auswirken.

Die Transaktionsanalyse[63] spricht in diesem Zusammenhang vom *Skript,* das wir in unserer Kindheit entwickelt haben. Dieser Ausdruck ist eine Metapher, die aus der Schauspielkunst stammt: «Skript» bedeutet das «Rollenbuch» eines Films oder Theaterstücks. In ihm sind die «Rollen» ausgeführt, die jeder Spieler zu verkörpern hat. Das heißt übertragen: Die Familie führt gleichsam ein Stück auf, in dem jeder seine Rolle spielt. Dem Kind wird durch das Zusammenspiel dieser Familie seine Rolle zugeteilt, und es gestaltet diese Rolle so, wie sie in dieses «Stück» passt. Damit aber ist in Grundlinien vorgegeben, welche Rollen es in sozialen Zusammenhängen seines weiteren Lebens spielen wird: Der «kleine Held» seiner Mutter wird später auch gerne die Helden-Rolle spielen wollen, der im Beruf Glänzendes leistet und daheim von seiner Frau bewundert werden will; und die älteste Tochter, die sich um ihre kleinen Geschwister kümmern musste, ist prädestiniert dafür, später als Mutter und Hausfrau für alles zuständig zu sein oder als Chef-Sekretärin alle Fäden in der Hand zu halten …– um nur ein paar Varianten etwas klischeehaft hier als Beispiel anzuführen.

Im Folgenden werden wir bei weitem nicht alle Facetten behandeln können, die im Zusammenhang mit solchen «Skripts» aktuell werden. Wir beschränken uns vielmehr darauf aufzuzeigen, welche «Skript-Elemente» beim Vater- und Mutter-

Werden zu beachten sind, damit diese nicht unbemerkt das Verhalten junger Eltern bestimmen, obwohl sie eigentlich in diesen Punkten «anders» sein wollen.

Unbewusstes Wiederholen von Elternverhalten

Kinder nehmen die Eltern als Modell für ihr eigenes Verhalten, im Guten wie im Schlechten. Diese Tendenz bleibt, auch wenn sie erwachsen geworden sind, unbewusst bestehen und bildet ein erstes Element dessen, was wir «Skript» genannt haben. Dafür ein Beispiel: Max, ein junger Vater, hatte selber einen sehr jähzornigen und ungeduldigen Vater. Er hat sich geschworen: So will ich einmal meinen Kindern gegenüber nicht sein. Das schafft er normalerweise auch ganz gut. Er ist auch nicht durch zu viel Geduld und «Langmut» in einer «Gegenabhängigkeit» zu seinem Vater. Normalerweise kann er ruhig und klar die Regeln setzen und vertreten, an die sich seine Kinder halten sollen. Allerdings: Sein Kleiner strapaziert seine Nerven in letzter Zeit mehr und mehr. Max kann sagen, was er will, sein Sohn lümmelt bei Tisch herum und benimmt sich unmöglich. Da passiert es dann Max immer wieder, dass er ihn unbeherrscht anbrüllt, ja ihm sogar manchmal einen Schlag versetzt – genau wie es sein Vater bei ihm gemacht hat. Er muss sich das selber eingestehen, und es ist für ihn beschämend, denn er hat unter diesem Verhalten seines Vaters gelitten und er will doch etwas ganz anderes! Aber der Kleine kriegt das trotzdem immer wieder hin …

Hier wird deutlich: Elterliches Verhalten – auch wenn wir klar sehen, dass es nicht gut war – hat sich als Modell so tief eingeprägt, dass es sich gegen unser ausdrückliches Wollen, vor allem in Stress-Situationen, immer wieder durchsetzt! Ein zweites Beispiel:[64] Obwohl die beiden jungen Eltern gleiche Zuständigkeit für das Kind vereinbart haben, springt doch die junge Frau immer sofort auf, wenn das Baby schreit, genauso wie es ihre

Mutter gemacht hat. Tillmetz und Themessl schreiben in diesem Zusammenhang: «Unsere Eltern haben ‹Vorbildfunktion›, auch wenn wir uns dagegen wehren und mit ihrem Erziehungsstil nicht einverstanden sind.»[65]

Diese beiden Beispiele sind Variationen von «Skript-Verhalten». Auch wenn wir uns etwas anderes vorgenommen haben: In Stress- oder Überraschungssituationen übernehmen wir es häufig und handeln wie die Eltern – gegen unser ausdrückliches Wollen!

«Überlebens»-Entscheidungen

Für ein Kind in seiner Abhängigkeit von den Eltern scheint es überlebenswichtig herauszufinden, welche Aufgabe es zu erfüllen hat, oder anders ausgedrückt: was die Eltern von ihm erwarten. Aus dem, was es wahrnimmt, trifft es Überlebens-Entscheidungen, die sein ganzes Leben hindurch in seiner «kindlichen Seele» wirksam bleiben können. Diese Überlebens-Entscheidungen und die daraus entwickelten «Glaubenssätze» stellen eine weitere Spielart des Skripts dar.

Dazu wieder ein Beispiel:

Eine junge Mutter wunderte sich über sich selbst und ihre großen inneren Widerstände, ihr Kind auch ab und zu von anderen betreuen zu lassen, obwohl sie und ihr Mann ausdrücklich miteinander abgemacht hatten, dass sie das wollten, und alles dementsprechend organisiert war. In der Erinnerung an ihre eigene Kindheit fiel ihr auf, dass sie als Kind überzeugt gewesen war, die Eltern, die sich oft heftig gestritten hatten, wenn sie sich unbeobachtet glaubten, zusammenhalten zu müssen. «Wenn ich nicht dabei bin, geschieht eine Katastrophe!», war ihre Überlebens-«Schlussfolgerung» gewesen. Die Eltern hatten zwar in späteren Jahren wieder gut zusammengefunden, und der kindliche «Glaubenssatz» war verblasst. Als sie aber nun selbst Mutter wurde, war er auf einmal wieder bestimmend für ihr Verhalten und sie litt die gleichen «Katastrophen»-Ängste wie als Kind, wenn sie die Haustür hinter sich schloss oder das Baby bei der Tagesmutter abgegeben hatte. Sie war also immer noch von der kindlichen Überzeugung bestimmt: «Wenn ich nicht dabei bin, geschieht eine Katastrophe!»

Schlimme Kindheitserfahrungen

Ebenfalls «skriptbildend» können sich schwierige Erlebnisse auswirken, die Eltern, als sie selber noch Kinder waren, gehabt haben. Tillmetz und Themessl[66] führen das Beispiel einer Frau an, die als 12-jähriges Mädchen in Abwesenheit ihrer Eltern den kleinen Bruder betreuen sollte. In dieser Zeit bekam dieser einen asthmatischen Anfall, der sie in panische Angst versetzte. Sie schaffte es sogar noch, den Notarzt zu verständigen, und als dieser eintraf, kamen auch ihre Eltern zurück, und alle beschäftigten sich eingehend mit dem Bruder, während sie sich verängstigt und weinend in ihrem Bett verkroch … Diese Angst um ihren Bruder prägte sich bei ihr tief ein, auch als der Vorfall in ihrer Erinnerung schon weitgehend verblasst war. Daraus bildete sich in ihr der «Glaubenssatz»: «Du darfst niemanden allein lassen, der in Not sein könnte!» Das zeigte sich dann vor allem in ihrem Verhalten dem eigenen Kind gegenüber, das sie keinen Augenblick mehr allein lassen konnte, auch als es überhaupt nicht mehr nötig war – sehr zum Befremden ihres Mannes, der sie vor der Geburt ihres Kindes als eine mutige und lebenslustige Frau erlebt hatte und sie nun wie an zu Hause festgekettet erlebte. Erst in der Beratung konnte sie die Zusammenhänge erkennen, und das war auch der Beginn eines Prozesses, durch den sie lernte, ihr Verhalten von solchen heute irrationalen Gefühlen nicht mehr bestimmen zu lassen.

Unterschiedliche Wertsysteme

Wie im letzten Beispiel schon deutlich wurde, können solche skriptbedingten Gefühls- und Verhaltensweisen auch zu erheblichen Beziehungsproblemen unter jungen Eltern führen, weil ein Partner zum Beispiel den anderen nicht mehr versteht. So kann es auch beim Aufeinandertreffen unterschiedlicher Wertvorstellungen sein, die jeder der Partner aus seinem Elternhaus mitbringt.

So war Dorothee zum Beispiel großzügig mit Geld-Ausgeben, ihr Mann Josef neigte eher zur Sparsamkeit. Es war so in ihren jeweiligen Elternhäusern üblich, und das war zwar ein Unterschied, aber er wurde nicht zum Problem. Als aber die besonderen finanziellen Belastungen einer Familie auf die beiden zukamen, nach der Geburt des Kindes, hielt Josef plötzlich in einer für Dorothee unverständlichen Weise das Geld engstirnig zusammen, während nach Josefs Ansicht Dorothee das Geld unvorsichtig verschleuderte und damit die Existenz der Familie gefährdete.

Oder ein weiteres Beispiel aus einer anderen Familie: Da war die Frau immer schon eher für geregelte und gleichartige Tagesabläufe, der Mann aber mehr für Abwechslung und überraschende, ungeplante Unternehmungen. Solange kein Kind da war, erlebte die Frau das eher als willkommene «Auflockerung» ihrer Art, die ihr auch guttat – wenn er damit in ihren Augen nicht übertrieb. Nun war das Kind da. Jetzt war sie mit einem Mal überhaupt nicht mehr von zu Hause wegzubringen, während er immer mehr darunter zu leiden begann, dass sie für seine Ideen jetzt überhaupt nicht mehr zur Verfügung stand, und zwar immer «wegen des Kleinen»!

Die unterschiedlichen Wertvorstellungen, die junge Eltern aus ihren Familien mitbringen, können mit der Entstehung der familiären Triade zu einem echten Problem für die Partner werden. Die «Skripts» der beiden stoßen hier aufeinander und lassen Unverständnis füreinander, Ärger und Wut aufeinander aufkeimen, natürlich sehr zum Nachteil der Kinder, die dann in dieser Atmosphäre stetig abnehmender Zuneigung der Eltern zueinander aufwachsen müssen.

Aber auch jene jungen Eltern von heute, die das Modell des Eltern-Seins ihrer eigenen Eltern gar nicht ablehnen, sind nicht völlig frei in der Gestaltung ihrer Eltern-Rollen. Sie haben mit ihrem «Skript» vielleicht viele Elemente übernommen, die ihnen und ihren Kindern nicht guttun, wenn sie nicht einen Weg finden, konstruktiv damit umzugehen und die größtmögliche Freiheit von ihren Skripts zu gewinnen. Wie ein solcher Prozess aussehen kann, wollen wir im folgenden Abschnitt erläutern.

Was kann hier helfen? Sechs Schritte zur Freiheit vom Skript

Erster Schritt: Bewusstheit erlangen

Das Beispiel des jungen Vaters Max zeigt, dass er das Aufbrausen seinem Sohn gegenüber als peinlich empfindet. Darüber ist er sich im Klaren und er gibt darüber auch ehrlich Rechenschaft ab: «Ich habe gerade so gehandelt, wie damals mein Vater mir gegenüber!» Er ist also ehrlich zu sich selbst, auch wenn ihn das beschämt. Das heißt: Er macht sich bewusst, was hier geschieht. Solche Bewusstheit ist der erste wichtige Schritt zur Veränderung des eigenen «Skripts».

Sehr hilfreich für das Erlangen solcher Bewusstheit kann es auch sein, wenn Partner sich gegenseitig auf Verhalten aufmerksam machen, das aus der gegenwärtigen Situation nicht erklärbar ist und darum befremdlich, unverständlich wirkt. In dieser Hinsicht kann der Partner ein sehr wichtiger «Spiegel» für den anderen sein.

Allerdings sind hier zwei Punkte zu beachten: Solches «Aufmerksam-Machen» sollte möglichst nicht in der Form von verletzender Kritik erfolgen. Denn die Folge davon sind, wie wir hier schon oft gesehen haben, meist Gegen-Kritik zur «Selbst-

Verteidigung» und daraus folgende eskalierende «Teufelskreise». Besonders schädlich ist es, wenn das «Aufmerksam-Machen» in einer Form erfolgt wie: «Du verhältst dich schon wieder genau wie deine Mutter/dein Vater ...» Das heißt: Hier nimmt der Partner die Position des «wissenden» Experten ein und stellt sich damit über den anderen, was dessen Gegenangriff geradezu provoziert. Die angemessene Form dagegen ist ein zwar nüchternes, aber liebevolles «Aufmerksam-Machen».

Dazu ist hilfreich – und das ist der zweite Punkt –, wenn solchen Rückmeldungen entsprechende wechselseitige Abmachungen vorausgehen: Die beiden vereinbaren, sich – möglichst in einer ruhigen Minute zwischendurch und nicht in einer aktuellen Konfliktsituation – wechselseitig solche Rückmeldungen zu geben, wenn ihnen derartiges Verhalten, das der gegenwärtigen Situation als nicht angemessen erscheint, aufgefallen ist.

Unter diesen beiden Voraussetzungen können sich Partner wechselseitig ungemein dabei hilfreich sein, Bewusstheit über solche Skript-Elemente im eigenen Verhalten dem Kind gegenüber zu erlangen. Solche Bewusstheit ist eine große Hilfe zur Verhaltensänderung.

Zweiter Schritt: Achtsamkeit im Umgang mit kritischen Situationen

Bewusstheit schafft Achtsamkeit auf das eigene Verhalten in den entsprechenden Situationen. Allerdings müssen wir uns darüber im Klaren sein: Die Gefühle, die dieses Verhalten auslösen, kommen deshalb trotzdem in uns hoch. Denken wir an die oben angeführten Beispiele: die Wut, die in Max hochsteigt angesichts des Verhaltens seines Sohnes bei Tisch. Die Angst der Frau, das Kind in Fremdbetreuung zu geben, der Ärger über die «Verschwendungssucht» des anderen nach Geburt des gemeinsamen Kindes usw. Diese Gefühle sind «plötzlich da» – und sie lösen sehr schnell das entsprechende Verhalten aus: schimpfen, sich nicht an Vereinbarungen mit dem Partner halten, dem Kind einen Schlag versetzen usw. Damit wir auch diese Verhaltensweisen verändern können, brauchen wir «die Übung der Achtsamkeit».[67] Das heißt, wir müssen trainieren, in der kritischen Situation selber die hochsteigenden Gefühle deutlich wahrzunehmen, uns aber für ein anderes Verhalten zu entscheiden. «In mir steigt jetzt wieder die Wut auf den Kleinen hoch – aber schreien und zuschlagen tu ich jetzt nicht!» – «Jetzt ist da wieder die Angst, den Kleinen an die Tagesmutter abzugeben – aber den Termin absagen, das tu ich jetzt ganz bewusst nicht!» «Jetzt ist wieder das Gefühl da, dass sie verschwenderisch ist, aber deshalb schimpfen, das tu ich jetzt nicht!»

Wenn wir eingesehen haben, dass solche Verhaltensweisen nicht angemessen sind und aus unserer Vergangenheit kommen, kann die bewusste Entscheidung, sie zurückzuhalten, eine sehr große Hilfe sein, in unseren Reaktionsmustern im «Erwachsenen-Ich» zu bleiben und nicht aus unserem «Kindheits-Ich» heraus zu reagieren – darum handelt es sich ja schließlich, wenn wir unserem Skript entsprechend reagieren!

Dritter Schritt: Erwachsen werden

Mit solchem «Achtsamkeitstraining» werden wir aber mehr und mehr selber erwachsen. Wo wir uns in unserem Verhalten Partner und Kind gegenüber von Erlebnissen unserer Kindheit steuern lassen, sind wir noch immer ein Stück in unserer Kindheit gefangen. In diesen Punkten sind wir noch nicht wirklich erwachsen. Erinnern wir uns an das Beispiel der Frau, die aufgrund ihrer panischen Angst um ihren Bruder, den sie als 12-Jährige beaufsichtigen musste und der einen Anfall bekam, nun wieder panisch reagierte, als es darum ging, das eigene Kind einmal allein zu lassen. Hier wurde sie gleichsam zur 12-Jährigen von damals! Je mehr sie lernt, sich durch Achtsamkeit in der jeweiligen Situation nicht mehr von der Panik steuern zu lassen, desto mehr wird sie in solchen Situationen erwachsen!

Vierter Schritt: Abschied von der Kindheit

Dies bedeutet auch: Abschied von der Kindheit. Manche Menschen, auch junge Eltern, benützen ihr Wissen, in welchen Punkten ihre Eltern Fehler gemacht haben, nicht dazu, ihr eigenes Verhalten situationsgemäß zu verändern und erwachsen zu handeln, sondern dazu, ihre Eltern anzuklagen. Wenn also Max jedes Mal, wenn er seinen Sohn anschreit und schlägt, sich selbst anklagen würde: «Da hat sich bei mir wieder dieser verdammte Vater durchgesetzt», würde das nicht aus der Skriptgebundenheit herausführen. Solches Klagen und Anklagen der Eltern fixiert nur die Gebundenheit an sie, nämlich in der Rebellion. Und die eigenen Eltern bleiben dabei immer noch die Dominanten! Zum Abschied von der Kindheit gehört also auch: auf die Befriedigung, ewig seinen Ärger auf die Eltern abzuladen, zu verzichten und stattdessen der Situation gemäß und erwachsen zu handeln.

Fünfter Schritt: Fürsorge für das eigene «innere Kind»

Um diesen Verzicht zu leisten, kann es sehr hilfreich sein, statt auf die Eltern zu schimpfen, anzufangen, dem eigenen inneren Kind selber die Liebe, die Zuneigung und das Verständnis zu geben, auf die es früher in solchen Situationen verzichten musste.[68] Was wir als Kinder von den Eltern nicht bekommen haben, können wir als Erwachsene erst recht nicht mehr von ihnen bekommen. Ein besserer Weg ist es, wenn wir selber als Erwachsene beginnen, uns liebevoll unserem «inneren Kind» zuzuwenden, wenn wir spüren, dass es sich in unserem Inneren regt – in der Angst, der Wut oder anderen Gefühlen, die in uns hochsteigen und unser Handeln bestimmen wollen. Sich dann beruhigend und ermutigend diesem nach wie vor in uns lebendigen Kind fürsorglich zuzuwenden, ist *der* Weg, wie der Abschied von der Kindheit gelingt. Konkret gesprochen (freilich hier lediglich angedeutet): Wenn man solch kindliche Gefühle des Schmerzes, der Wut und Verzweiflung usw. in sich verspürt, stellt man sich in der Fantasie «den kleinen Martin» oder die «kleine Irene», der/die man einmal war, vor und wendet sich wie ein guter Vater/eine gute Mutter an ihn/an sie mit beruhigenden, ermutigenden oder auch begrenzenden Äußerungen. Auf diese Weise wird man seinem eigenen «inneren Kind» gegenüber eine hilfreiche Elterngestalt. Wenn man dies immer wieder übt, vermittelt man sich selber die Kindheit «korrigierende» Erfahrungen und löst sich langsam davon, dass einen dieses «innere Kind» im heutigen Erwachsenen-Verhalten immer noch beherrscht und steuert. Darum nennt man diesen Prozess mit sich selbst in der Transaktionsanalyse auch «Selbst-Beelterungs-Prozess».

Sechster Schritt: Versöhnung mit den eigenen Eltern

Außerdem ist das Gesagte ein direkter Weg dazu, sich mit den eigenen Eltern auszusöhnen. Wenn wir uns liebevoll um unser eigenes inneres Kind zu kümmern beginnen, brauchen wir nicht mehr unseren eigenen Eltern die Schuld daran geben, dass wir selber in diesem oder jenem Punkt keine «guten Eltern sind». Wir haben selber die Verantwortung übernommen. Und wir können uns gleichzeitig aussöhnen mit unserem ungeliebten inneren «Erbe», nämlich den Anteilen in uns, für die wir uns insgeheim schämen. Auch sie gehören zu uns. Und letztendlich bergen gerade sie – sofern wir sie akzeptieren – das Potential in sich, uns von jedem Perfektionismus, von jedem Übermutter- und Übervater-Ideal auf den Boden des *Menschlichen* herunterzuholen. Meist wird dann der Blick frei und wir entdecken, was wir auch an Gutem und Konstruktivem aus unserem Elternhaus für unser Erwachsenen-Leben mitgenommen haben. Und außerdem werden wir dann – aus der eigenen Erfahrung, wie schwierig die Situation beim «Übergang von der Zwei zur Drei» sein kann – auch toleranter gegenüber Fehlern, die unsere Eltern als Vater und Mutter gemacht haben, und auch das hilft zur Aussöhnung mit den Eltern. Dabei ist die vielfach gemachte Erfahrung: Erst wenn wir ausgesöhnt sind mit den eigenen Eltern, auch mit ihren problematischen Seiten, ist die Ablösung von ihnen ganz gelungen, sind wir ganz erwachsen geworden und frei, auf unsere eigene Weise und nach unseren eigenen Überzeugungen Eltern für unsere Kinder zu werden.

7. Kapitel: Das Kind als Bereicherung der Paarbeziehung

Wenn man Paare, die sich in der «Dritten Paarphase» (nach unserem Entwicklungsmodell, siehe S. 13 ff.) befinden, also mit Kindern, die «das Gröbste hinter sich haben», fragt, wie es ihnen als junge Familie mit kleinen Kindern ergangen ist, sehen sie sich in der Regel an, lächeln etwas verlegen und sagen: «Das war schon eine harte Zeit!» Nach dem, was wir aus unserer Erfahrung mit Paaren wissen, ist das auch kein Wunder. Es gibt in dieser Zeit viele schwierige Situationen und Probleme zu bewältigen. Wenn man aber weiter fragt: «Ja, heißt das, dass Ihr lieber auf Kinder hättet verzichten sollen?», bekommt man in aller Regel ganz schnell die Antwort: «Nein, auf keinen Fall! Nie und nimmer wollten wir darauf verzichten, Kinder zu haben – und zwar genau diese Kinder!» Ist das nicht ein Widerspruch?

Wie sind diese beiden scheinbar widersprüchlichen Aussagen zu verstehen? Als sehr hilfreich empfinden wir hier die Ausführungen des Philosophen Wilhelm Schmid zum Thema «Glück».[69] Er unterscheidet *drei Arten von Glück*: das «Zufallsglück», das «Wohlfühlglück» und das «Glück der Fülle». «Zufallsglück» ist zum Beispiel ein Lottogewinn, «Wohlfühlglück» erfährt jemand, wenn er Dinge erlebt, die ihn in gute Stimmung versetzen, ihn faszinieren. Gutes Essen gehört hierher, spannende Filme, alles eben, was uns «gute Gefühle» macht. Deutlich davon unterscheidbar ist aber das *Glück der Fülle*.

Wer es erfährt, kennt durchaus auch bittere, leidvolle Erfahrungen und ist keineswegs immer guter Stimmung. Aber dieses Glück erfüllt ihn auf einer umfassenderen, tieferen Ebene, zu der leidvolle Erfahrungen, Sorgen und manchmal auch Nöte nicht nur nicht im Widerspruch stehen, sondern sogar dazugehören. Diese Art von «Ganzheitsglück» ist es wohl, das Eltern durch ihre Kinder, durch ihr Familienleben erfahren. Die leidvolleren Seiten dieses «Ganzheitsglücks» haben wir in den vorausgehenden Kapiteln ja ausführlich beschrieben. Diesem Ganzheitsglück in seinen positiven Aspekten – wenn es manchmal auch nur in ganz kurzen Momenten aufleuchtet – wollen wir uns am Ende dieses Buches widmen. Sieben Aspekte davon wollen wir im Folgenden darstellen:

Leben weitergeben

Wenn ein Freund zu einem jungen Vater sagt: «Du, dein Franzi hat ja genau deinen Mund!», dann geht in der Regel ein stolzes Lächeln über dessen Gesicht, auch wenn er gar nicht überzeugt davon ist, dass er einen besonders schönen Mund hat. Oder wenn eine junge Mutter hört: «Wenn die Kleine so strahlt, dann meine ich, geradezu dich vor mir zu sehen!», dann freut sie sich – jedenfalls im Stillen – riesig. Eine ähnliche Freude erfasst den Mann / die Frau, wenn sie solche Ähnlichkeiten ihrer Kinder mit dem Partner entdecken. Warum ist das so? Wir meinen, hier erleben die Eltern: «Etwas von mir, etwas von uns geht weiter!» Und damit: Das Leben geht durch unser Kind / durch unsere Kinder weiter! Und das erfüllt sie mit Freude.

Natürlich gibt es auch vieles anderes, was an die nächste Generation weitergegeben werden kann: Frieden zum Beispiel, den Politiker einer Generation ausgehandelt haben, oder geistige Werte wie neue wissenschaftliche Erkenntnisse oder hilfreiche Bücher; es schafft Forschern oder Autoren sicher auch eine tiefe

Befriedigung, das zu wissen und zu erfahren. Trotzdem: Durch Kinder das Leben weiterzugeben schafft eine besondere, ganz eigene Freude.

Das wird vor allem auch durch die Reaktionen der Betroffenen bestätigt, wenn Kinder ausbleiben. Oft leiden Frauen, die die Wechseljahre erreicht und noch keine Kinder haben, sehr darunter, auch wenn sie gar keinen ausgeprägten Kinderwunsch hatten: «Jetzt ist es vorbei mit dem Kinderkriegen – aus mir wird kein neues Leben mehr entstehen!» Das wird ihnen plötzlich leidvoll bewusst. Oder wenn kinderlose Paare in fortschreitendem Alter auf befreundete gleichaltrige Paare und deren Familie schauen, auf deren erwachsene Kinder, die vielleicht schon Enkelkinder haben und die sie alle zusammen zum Beispiel auf großen Familienfesten erleben. Dass es auch schon riesige Konflikte und Auseinandersetzungen gegeben hat mit zeitweiligen Kontaktabbrüchen und Gekränktheiten, wird hier weniger bedacht …

In diesen Erfahrungen wird wohl etwas von diesem Ganzheitsglück, diesem Glück der Fülle deutlich, von dem wir gesprochen haben: Bei allem Auf und Ab, das Leben geht weiter! Und wir erleben das ganz konkret an unseren Kindern! Dies ist eine sehr tiefe Erfahrung, bei aller Skepsis und Ambivalenz, die wir vielleicht sonst dem Leben entgegenbringen.

Das Glück des Augenblicks

Kinder können ganz und gar in dem aufgehen, was sie gerade beschäftigt: Wenn sie Sandburgen bauen, wenn sie in der Puppenküche das Fläschchen für ihre Puppe richten, wenn sie fasziniert ein Tier beobachten oder ein unbekanntes Geräusch hören, dann gehen sie ganz im Tun, im Schauen, im Hören auf. Damit entdecken sie etwas vom Leben in seiner faszinierenden Vielfalt und Tiefe, und wenn wir sie dabei beobachten, erleben auch wir etwas von dieser Faszination. Wir haben es ja häufig verlernt, so im Augenblick zu leben. Wir nehmen viele Dinge für selbstverständlich und bemerken sie darum oft gar nicht mehr. Damit geht uns sehr viel Lebensqualität verloren. Oft leben wir ja mehr in der Zukunft: «Mein Gott, was ist alles noch zu erledigen heute!», oder in der Vergangenheit: «So ein blöder Kerl, wie der mich da vorhin angeraunzt hat!» Wir sind vielleicht mit unserem Bewusstsein gar nicht hier, sondern an einem ganz andern Ort, wenn wir zum Beispiel die Straße entlangeilen, den Blick dabei aufs Smartphone gerichtet, der Daumen eilt über die Tastatur. Was um uns geschieht, nehmen wir kaum noch wahr.

Als Erwachsene hält uns oft das in seinem Bann, was anderswo geschieht und nicht «hier» ist und was gestern geschah und nicht gerade «jetzt» geschieht. An Kindern können wir dagegen erleben, was es heißt, ganz im «Hier und Jetzt» zu sein. Diese Dimension bringen Kinder immer wieder in unser Leben hinein, und auch dies scheint ein Aspekt des «Ganzheitsglücks» zu sein, von dem wir hier sprechen. Denn die Qualität, ja auch die Tiefe des Lebens erschließt sich nur im Auskosten des Hier und Jetzt. «Nicht das Viel-Wissen sättigt die Seele, sondern das Spüren und Verkosten der Dinge», hat ein spiritueller Meister einmal gesagt.[70] Wenn wir Kinder beobachten, wie sie ganz und gar im Hier und Jetzt aufgehen, bekommen wir mindestens eine Ahnung von dieser Erfahrung.

Das Glück der Bindung

Einen Aspekt davon möchten wir hier noch eigens herausgreifen: Mütter und Väter erinnern sich oft noch Jahre später daran, wie innig und beglückend es war, als sich der warme weiche Körper ihres Kindes an sie schmiegte, beispielsweise beim Vorlesen oder beim Kuscheln vor dem Einschlafen, ganz hingegeben und voller Vertrauen … Das war eine tiefe Erfahrung neben allem anderen, was vielleicht den Tag über die Nerven strapaziert hat, es war die Erfahrung von inniger Bindung des Kindes an den Vater, an die Mutter, und auch von deren Bindung an das Kind.

Wie grundlegend die Erfahrung von Bindung für unser Leben ist, das wird uns in solchen Erlebnissen so deutlich. Kinder leben das Bedürfnis danach noch ganz unverdeckt und direkt. Auch wenn sie einmal wütend und beleidigt sind, weil wir ihnen etwas versagen, können sie schon im nächsten Moment wieder unsere körperliche Nähe suchen und in Anspruch nehmen. Und auch wir als Eltern erleben durch allen Ärger und alle Mühsal hindurch immer wieder und manchmal mit Erstaunen, wie stark bei all dem dennoch unsere Bindung zu diesem Kind ist, so stark wie sonst vielleicht zu keinem anderen Menschen.

Kinder lassen uns erfahren, wie wichtig Bindung für ein glückliches und erfülltes Leben ist, auch noch für uns Erwachsene. Sie zeigen uns, dass es gut ist, zum Bedürfnis nach Bindung auch zu stehen und darum auch immer wieder etwas dafür zu tun, dass Bindung in unserem Leben zustande kommt, dass sie gefestigt und nicht vernachlässigt wird. Natürlich braucht es zum Leben des Erwachsenen auch die andere Seite, die Autonomie. So sehr wie Kinder auf Bindung angewiesen sein, das sollten wir nicht. Dennoch gehören, wie gesagt, zum «Ganzheitsglück» im Erwachsenen-Leben immer wieder auch feste, innige Bindungen. Kinder machen uns darauf aufmerksam.

Unbefangenheit und Ehrlichkeit

Kinder verbergen ihre Gefühle und Bedürfnisse nicht. Wenn sie traurig sind, weinen sie, sind sie wütend, toben sie, freuen sie sich, jubeln sie. Wenn sie satt oder hungrig sind, machen sie dies sehr deutlich – je nach Alter unterschiedlich, aber immer unmissverständlich. Natürlich müssen sie im Laufe der Zeit auch lernen, je nach Situation verschieden damit umzugehen, also

Bedürfnisbefriedigung aufzuschieben, Gefühle und Bedürfnis auch einmal zurückzuhalten. Aber zunächst leben sie doch auf sehr direkte und unbefangene Weise Seiten des Lebens, die wir als Erwachsene nicht selten zu sehr zurückdrängen, ja vernachlässigen oder über die Maßen kontrollieren.

Auch wenn uns verständlicherweise diese Unbefangenheit und Direktheit der Kinder in ihrer Bedürfnis-Äußerung und ihrem unbedingten Streben nach Befriedigung zuweilen ordentlich auf die Nerven geht, weil sie nicht in unseren vorgesehenen Ablauf passen, machen sie uns doch auf eine heilsame und faszinierende Weise auf Seiten aufmerksam, die zum Leben in seiner Ganzheit dazugehören. Nicht selten vernachlässigen wir dies als Erwachsene: Manche essen zu wenig, viele bekommen zu wenig Schlaf, andere wieder arbeiten nur und suchen zu wenig Entspannung. Grundbedürfnisse werden missachtet, das Leben der Erwachsenen gerät deshalb nicht selten vollständig aus der Balance. Kinder zeigen uns diese Seiten, die in unserem Leben oft vernachlässigt werden, auf eine ganz unbefangene Weise. Auch dies ist ein Aspekt der Erfahrung des «Glücks der Fülle», das es mit Kindern zu erleben gibt.

Das Kind in uns neu entdecken

Damit sind wir an einem sehr zentralen Punkt angelangt. Weil Kinder uns so unbefangen ihre Bedürfnisse und Gefühle zeigen und uns auf eine mögliche Vernachlässigung dieser oder jener Seite des Lebens hinweisen, machen sie uns auch klar, dass wir oft einen ganzen Teil unserer Persönlichkeit ausgeblendet haben: unser eigenes «inneres Kind».

In der «Transaktionsanalyse» unterscheidet man als drei wesentliche Persönlichkeits-Anteile: das Erwachsenen-Ich, das Eltern-Ich und das Kindheits-Ich.[71] Das Erwachsenen-Ich, das sind wir als Erwachsene im Hier und Jetzt, wir haben in uns aber auch ein «Eltern-Ich», nämlich eine von unseren Eltern übernommene Instanz mit den elterlichen Grundsätzen und Erziehungsprinzipien. Und wir sind auch noch das Kind, das wir einmal waren. Kinder sprechen gerade auch diesen Teil in uns an – wenn wir ihn von ihnen ansprechen lassen und nicht nur unsere elterlichen Seiten ihnen gegenüber aktivieren!

Wenn der Erwachsene beim Beobachten des Kindes auch die Erfahrung zulässt: diese Wut, diese Freude, diese Neugier, dieses Bedürfnis nach Nähe, das kenne ich ja auch alles von mir, das ist ja alles auch irgendwo noch in mir lebendig, dann ist er dabei, dieses eigene «innere Kind» neu und wieder bei sich selber zu entdecken und damit die Ganzheit seiner eigenen Person zu spüren!

Wir haben im letzten Kapitel darauf hingewiesen, dass beim Eltern-Werden auch viele Erinnerungen an unsere eigene Kindheit auftauchen, und zwar meist solche, die nicht so positiv waren: Erinnerungen daran, was zwischen unseren Eltern und uns Kindern schiefgelaufen ist und was uns auch heute noch zu schaffen macht. Und wir haben davon gesprochen, dass es wichtig ist, sich diesen Teilen unseres «inneren Kindes» als heutige Erwachsene liebevoll zuzuwenden und dafür zu sorgen. Das ist zweifellos so und verdient auch unsere Aufmerksamkeit. Aber es ist nicht alles. Wir sind auch noch in einem anderen Sinn das Kind von damals: das intensiv erlebende, das sich freuen kann, das neugierig, fasziniert ist und begeistert werden kann.

Die Transaktionsanalyse unterscheidet beim Persönlichkeitsanteil «Kind» darum auch zwischen dem «freien, natürlichen Kind» und dem «angepassten, domestizierten Kind». Beides ist noch in uns lebendig. Und wenn wir es entdecken und ihm Lebensraum gewähren, kann sich auch dieses «freie Kind» in uns wieder neu entfalten, gerade auch im Kontakt mit unseren Kindern: wenn wir beispielsweise mit ihnen spielen, am Strand herumtollen, Abenteuer miteinander bestehen und so weiter. Dann wird der Vater plötzlich wieder zum kleinen Jungen, der er einmal war, und die Mutter zum kleinen Mädchen, und sie lassen auf eine beglückende Art und Weise diesen Teil ihrer Persönlichkeit wieder aufleben, vielleicht sogar zum ersten Mal so intensiv und frei. Damit leben sie durch ihre Kinder und zusammen mit ihren Kindern vielleicht zum ersten Mal seit langem wieder die Ganzheit ihrer eigenen Person und damit einen wesentlichen Aspekt eines «Ganzheitsglücks».

Versöhnung mit den eigenen Eltern und der eigenen Geschichte

Dazu gehört, dass eigene Kinder auch zu einer Aussöhnung der Eltern mit deren Eltern beitragen können. Einfach die Tatsache schon, dass sie jetzt eigene Kinder haben, trägt oft zu einer neuen Solidarität mit den Eltern bei. Und der Gedanke, dass es die eigenen geliebten Kinder nicht ohne diese Großeltern geben würde, tut noch seinen Teil dazu. So gestimmt wenden sich nicht wenige Eltern mit neuem Interesse ihrer eigenen Geschichte zu, um zu erkunden, was sie als Kinder erlebt haben: nicht nur Verletzungen, sondern auch alles, was sie sonst noch mitbekamen. Dies kann stark zu einer Versöhnung mit der eigenen Herkunft und Geschichte beitragen, wie das folgende Beispiel sehr eindrucksvoll belegt:

Eine Frau hatte große Probleme damit, dass sie mit ihrem Mann keine festen Absprachen treffen konnte. Ständig änderte er im letzten Moment das Vereinbarte und erzeugte damit bei ihr angesichts ihres Bedürfnisses nach Verlässlichkeit Ärger und Wut. Er wollte das verändern, aber immer wieder «passierte» es ihm. Um zu verstehen, woher das Problem kam, warfen wir in der Paartherapie einen Blick in die Kindheitsgeschichte des Mannes, und da zeigte sich: Seine Eltern waren Heimat-Vertriebene, die über lange

Jahre keinen festen Wohnort fanden. Immer wieder hieß es nach kurzer Zeit: aufbrechen, an einen neuen Ort ziehen, einen neuen Job annehmen und damit auch neue Nachbarn kennenlernen, neue Freunde gewinnen. So etwas wie äußere «Verlässlichkeit» gab es in seiner Familie nicht. Zwar standen die Eltern unverbrüchlich zu ihren Kindern, wo sie aber vielleicht am nächsten Tag sein würden, darüber konnten sie nie etwas Sicheres sagen. Und das war das Lebensmodell, dass sich auch dem Mann tief eingeprägt hatte: dass er zu seiner Frau stand, das war für ihn keine Frage, aber das, was für seine Frau ein deutlicheres Zeichen dieses Zu-ihr-Stehens gewesen wäre, nämlich seine Verbindlichkeit bei Absprachen, das schaffte er einfach nicht ...

Als wir diesen Zusammenhang sahen, wurde allen schlagartig klar: Hier hatte das Verhalten des Mannes, seine «Macke», ihren Ursprung. In «äußeren» Dingen hatte es in seinem Leben keine Verlässlichkeit gegeben, zugleich wurde sichtbar, dass dieses tief eingeprägte Verhaltensmuster auf eine schicksalshafte Erfahrung mit seinen Eltern und seiner eigenen Kindheit zurückging. Die Verlässlichkeit seiner Eltern konnte sich nur in der Verlässlichkeit ihrer Beziehung zu ihm zeigen, nicht in einer äußeren Konstanz. Sein «Fehler» wurde also deutlich als Überlebensstrategie seiner Eltern, und beruflich kam ihm das zudem sogar zugute, weil diese «Macke» auch große und sehr nützliche Flexibilität bedeutete ...

Hier wird deutlich: Wenn wir, angeregt durch unsere Kinder, in die eigene Kindheit zurückschauen, können wir einerseits oft die lebendigen Seiten, das «freie Kind» in uns selbst neu entdecken, wir entdecken aber natürlich auch, was schiefgelaufen ist und welche «Macken» wir durch das Verhalten unserer Eltern davongetragen haben, die uns oft heute noch zu schaffen machen. Aber wenn wir mit keinem anklagenden Blick zurückschauen, sondern mit einem, der verstehen will, dann können wir vielleicht auch erkennen: Die Eltern sind hier selber an unüberwindliche Grenzen gestoßen. Sie haben das Menschenmögliche getan, sie haben nach bestem Wissen und Willen gehandelt, aber es war eben nicht das, was wir als Kinder in dieser Situation gebraucht hätten ... Wenn wir das sehen und zulassen können, kommen wir in Kontakt mit der generellen Begrenztheit unserer menschlichen Möglichkeiten und auch damit, dass es trotz allem gut weitergegangen ist, ja dass unsere «Macken» auch vielleicht Seiten haben, die in bestimmten Zusammenhängen sogar besondere Fähigkeiten darstellen.

Wenn wir – angestoßen durch unsere Kinder – diese Erfahrung machen, lässt uns das versöhnlicher auf unsere Eltern-Generation schauen. Manche Paare kommen dadurch gerade innerlich oder auch äußerlich in einen ganz neuen, versöhnten Kontakt zu den Eltern, und dies bedeutet oft ein tiefes Glück für beide – für die jungen Eltern und für deren alte Eltern, denn eine solche Versöhnung erfüllt ein tiefes Lebensbedürfnis der Generationen. Auch hier also wieder: ein weiterer Aspekt des «Glücks der Fülle», das uns durch Kinder zuteilwerden kann.

Erleben der eigenen persönlichen Reifung

Alles, was Eltern an Höhen und Tiefen, an Schwierigem und unvergesslich Schönem mit ihren Kindern erlebt haben: Es lässt sie persönlich reifer werden, sie sind im Rückblick erwachsener geworden. Der große Psychotherapeut C. G. Jung unterscheidet im Prozess der menschlichen Entwicklung bestimmte weibliche und männliche «Archetypen», das heißt Ur-Typen des Menschlichen.[72] In der Phase des «jungen Erwachsenen» sind das die «Prinzessin» und der «junge Held», in der Phase des «reifen Erwachsenen», von der wir hier sprechen, sind das der «Vater-» und der «Mutter-Archetyp». Zu diesen beiden gehört die Fähigkeit, Fürsorge für andere zu übernehmen, zum mütterlichen

Archetyp mehr das Umsorgende, Unterstützende, zum väterlichen mehr das Richtung-Weisende und Grenzen-Setzende. Dabei ist zu sagen, dass nach Jung der mütterliche Archetypus nicht mit «weiblichem Geschlecht» und der väterliche nicht mit «männlichem Geschlecht» gleichgesetzt werden darf. Vielmehr ist beides, die Ausprägung sowohl des väterlichen wie die des mütterlichen Archetyps, in der Phase des reifen Erwachsenenalters Entwicklungsaufgabe sowohl der konkreten Frau wie auch des konkreten Mannes. Beide haben beide Potentiale in sich, und Entwicklung zu Reife heißt nach Jung: Entwicklung und Ausprägung dieser Potentiale.

Gerade heute, wo Frauen sehr häufig berufstätig sind und damit eine frühere alleinige Domäne der Männer erobert haben, und Männer wiederum sich in der Versorgung der Kinder, dem traditionell angestammten Bereich der Frauen, mehr engagieren, bieten sich besondere Chancen, beide Archetypen in sich auszuprägen und so zum vollen «Mann-Sein» und vollen «Frau-Sein» heranzureifen. Eigene Kinder fordern die Eltern dazu heraus, sich die Aufgaben so aufzuteilen, dass sie die Chance dazu erhalten, beide Seiten in sich zu entwickeln, sowohl die archetypisch «männliche» wie die archetypisch «weibliche».

Ganz konkrete Erfahrungen dazu werden von Männern und Frauen greifbar in Aussagen wie: «Ja, es hat mir ganz persönlich viel gebracht, dass ich mal den ganzen Tag den Kleinen versorgen musste, als meine Frau im Betrieb ihren Klausurtag hatte!»; «Ja, ich bin froh, dass ich durch meinen Beruf gelernt habe, mein Kind auch mal loszulassen und es meinem Mann oder anderen Betreuern zu überlassen. Das hat auch die Beziehung zu meinem Kind gelöster und entspannter gemacht!» Solche Erfahrungen bedeuten: Reifung der Persönlichkeit im Sinne einer größeren Ganzheit. Und auch diese Erfahrung ist ein Teil des «Glücks der Ganzheit», das wir durch unsere Kinder erleben können, denn es bedeutet ja nichts Geringeres, als zu erleben, wie sich ein umfassenderes, reiferes Menschsein in unserer Persönlichkeit entwickelt, gerade durch die Integration eines Kindes in die Ganzheit der Familie.

Kinder tragen zu der Erfahrung bei: Das Leben verdient, Ja zu ihm zu sagen, mit allen seinen Höhen und Tiefen, mit allem Leid und aller Freude. Vielleicht ist das der tiefste Aspekt jenes «Glücks der Fülle», das uns durch Kinder erfahrbar werden kann.

In einem Gedicht von Rainer Maria Rilke, mit dem wir schließen wollen, kommt dies auf eine wunderbare Weise zum Ausdruck:

Du mußt das Leben nicht verstehen,
dann wird es werden wie ein Fest.
Und laß dir jeden Tag geschehen
so wie ein Kind im Weitergehen
von jedem Wehen
sich viele Blüten schenken läßt.

Sie aufzusammeln und zu sparen,
das kommt dem Kind nicht in den Sinn.
Es löst sie leise aus den Haaren,
drin sie so gern gefangen waren,
und hält den lieben jungen Jahren
nach neuen seine Hände hin.[73]

Anmerkungen

1 Schnarch, «Nur Erwachsene haben ...»
2 Illouz, Warum Liebe
3 BfF, 20-jährige Frauen und Männer, S. 22
4 Thomann/Schulz v. Thun, Klärungshilfe, S. 146–203
5 Hüther/Krens, Das Geheimnis der ersten neun Monate, S. 31
6 Ebd., S. 33
7 Gooßen, Veränderungen der Paarbeziehung, S. 374
8 Vgl. Möller, Die Wahrheit beginnt zu zweit
9 Hüther/Krens, Das Geheimnis, S. 33
10 Ebd., S. 34
11 Gooßen, Veränderungen, S. 358
12 Susanne Locher, Rottenburg a. N.
13 Vgl. Nantke u. a., Der Blick verbindet, S. 31ff
14 Hüther/Krens, Das Geheimnis, S. 31
15 Vgl. D. Winnicott, Transitional objects
16 Gooßen, Veränderungen, S. 366
17 Z. B. Graf, Wenn Paare Eltern werden, S. 112ff
18 Vgl. ebd.
19 Ebd., S. 235–237
20 Ebd., S. 236
21 Ebd., S. 229
22 Gooßen, Veränderungen, S. 366
23 Graf, Wenn Paare, S. 225–227
24 Ebd., S. 225
25 Ebd., S. 226
26 Ebd.
27 Vgl. z. B. Welter-Enderlin/Hildenbrand, Systemische Therapie, S. 107
28 Graf, Wenn Paare, S. 223
29 Ebd., S. 228

30 Ebd., S. 227
31 Heinemann, Eltern werden, S. 184
32 Nach mündlicher Weitergabe zitiert.
33 Vgl. Fivaz-Depeursinge/Corboz-Warnery, Das primäre Dreieck
34 Vgl. Dunnewold/Sanford, «Ich würde mich so gern freuen!», S. 102
35 Vgl. Jellouschek, Mit dem Beruf verheiratet
36 Ballnik/Wassertheurer, 1. Österreichischer Männerbericht, S. 109
37 Ebd., S. 111
38 Moeller, Die Wahrheit beginnt zu zweit (Vortrag), S. 34
39 Vgl. Schmid, Glück
40 Moeller, Die Wahrheit, S. 34
41 Vgl. Jellouschek/Jellouschek-Otto, Grenzen der Liebe
42 Vgl. Gottman, Lass uns einfach glücklich sein
43 Vgl. Schlegel, Die Transaktionale Analyse, S. 140 ff.
44 Mix, Der Übergang, S. 18
45 Gooßen, Veränderungen, S. 360
46 Ebd.
47 Schnarch, «Nur Erwachsene haben …»
48 Tillmetz/Themessl, Eltern werden, S. 137
49 Hüther, Das Geheimnis, S. 34f
50 www.babycenter.de
51 Gnirss, Keine Zeit zu zweit
52 Davis, Sex in jedem Lebensalter, S. 150
53 Vgl. Tillmetz/Themessl, Eltern werden, S. 136ff
54 Richardson, Slow Sex
55 Zit. n. Davis, Sex in jedem Lebensalter, S. 153
56 Tillmetz/Themessl, Eltern werden, S. 138
57 Ebd., S. 141
58 Vgl. Ludwig, Anleitung zur sexuellen Unzufriedenheit
59 www.babycenter.de
60 BfF, 20-jährige Frauen und Männer, S. 9
61 Ebd., S. 22
62 Mix, Der Übergang, S. 16
63 Vgl. Schlegel, Die Transaktionale Analyse
64 Vgl. Tillmetz/Themessl, Eltern werden, S. 37
65 Ebd.
66 Ebd., S. 39
67 Vgl. Jellouschek, Achtsamkeit in der Partnerschaft
68 Vgl. Mix, Der Übergang, S. 17
69 Zit. n. Bauer/Schröder, Nido. Eltern werden, S. 45

70 Knauer (Hrsg.), Ignatius von Loyola

71 Vgl. Schlegel, Die Transaktionale Analyse, S. 7–77

72 Vgl. Müller/Müller, Wörterbuch der Analytischen Psychologie, S. 31–34; 272–274

73 Rainer Maria Rilke, Du musst das Leben nicht verstehen. In: Die Gedichte, Frankfurt a. M., Leipzig 2006, S. 165

Literatur

Asen, Eia (2008): So gelingt Familie. Hilfen für den täglichen Wahnsinn. Heidelberg

Ballnik, P. / Wassertheurer, P. (2005): 1. Österreichischer Männerbericht, Bundesministerium für soziale Sicherheit, Generationen und Konsumentenschutz, Wien

Bauer, Patrick / Schroeder, Vera (Hrsg.) (2013): Nido. Eltern werden, locker bleiben. Vom großartigen Wahnsinn, Kinder zu bekommen. München

Bundesministerium für Familie, Senioren, Frauen und Gesundheit (2007): 20-jährige Frauen und Männer heute. Eine qualitative Untersuchung von Sinus Sociovision für das BfF, Heidelberg

Clement, Ulrich (2008): Guter Sex trotz Liebe: Wege aus der verkehrsberuhigten Zone. Berlin

Davis, Elisabeth (2007): Sex in jedem Lebensalter. Berlin

Dunnewold, Ann / Sanford, G. Diane (1996): «Ich würde mich so gerne freuen!» Verstimmungen und Depressionen nach der Geburt. Hilfen für Mütter und Väter. Stuttgart

Fivaz-Depeursinge, Elisabeth / Corboz-Warnery, Antoinette (2001): Das primäre Dreieck. Heidelberg

Fthenakis, Wassilos E. u. a. (2002): Paare werden Eltern. Die Ergebnisse der LBS-Familien-Studie. Opladen

Gaschke, Susanne / Müller-Wirth, Moritz (Hrsg.) (2008): Power-Paare. Mit Kindern sind wir stärker. München

Gnirss, Ruth (2014): Keine Zeit zu zweit, keine Lust auf Lust – Sexualität und Partnerschaft nach der Geburt. Zitiert nach einem Vortrag, gehalten am 04.04.2014 in Oldenburg bei einer Tagung von Pro Familia

Gooßen, Kathrin (2011): Veränderungen der Paarbeziehung beim Übergang zur Elternschaft. Langzeitinterviews mit Frauen. Hamburg

Gottman, John (1999): Lass uns einfach glücklich sein. Der Schlüssel zu einer harmonischen Partnerschaft. München

Graf, Johanna (2002): Wenn Paare Eltern werden. Weinheim

Heinemann, Helen Maria (2008): Eltern werden – Liebespaar bleiben. In: Hebammenforum, 3/2008, S. 184–188

Hüther, Gerald / Krens, Inge (2005): Das Geheimnis der ersten neun Monate. Unsere frühesten Prägungen. Düsseldorf

Illouz, Eva (2012): Warum Liebe weh tut: Eine soziologische Erklärung. Berlin

Jellouschek, Hans (1996): Mit dem Beruf verheiratet. Von der Kunst, ein erfolgreicher Mann, Liebhaber und Familienvater zu sein. Stuttgart

Jellouschek, Hans (2003): Warum hast du mir das angetan? Untreue als Chance. München

Jellouschek, Hans (2010): Liebe auf Dauer. Was Partnerschaft lebendig hält. Freiburg

Jellouschek, Hans (2012): Achtsamkeit in der Partnerschaft. Was dem Zusammenleben Tiefe gibt. Freiburg

Jellouschek, Hans / Jellouschek-Otto, Bettina (2012): Wau – Was Paare von Hunden lernen können. Freiburg

Jellouschek, Hans / Jellouschek-Otto, Bettina (2013): Grenzen der Liebe. Nähe und Freiheit in Partnerschaft und Familie. Stuttgart

Jellouschek, Hans (2013): Die Kunst, als Paar zu leben. Stuttgart, Freiburg

Jellouschek, Hans (2014): Die Paartherapie. Damit die Liebe bleibt. Freiburg

Knauer, Peter (Hrsg.) (2008): Ignatius v. Loyola, Geistliche Übungen. Würzburg

Krähenbühl Verena / Jellouschek Hans / Kohaus-Jellouschek, Margarete / Weber, Roland (2011): Stieffamilien. Struktur – Entwicklung – Therapie. Freiburg

Kürthy, Ildikó von (2012) Unter dem Herzen: Ansichten einer neugeborenen Mutter. Reinbek

Ludwig, Bernhard (2008): Anleitung zur sexuellen Unzufriedenheit. Seminarkabarett-Comic. München

Mix, Sara (2011): Der Übergang zur Elternschaft. Wenn aus Paaren Eltern werden. Norderstedt

Möller, Lukas Michael (1997): Die Wahrheit beginnt zu zweit. Das Paar im Gespräch. Reinbek.

Möller, Lukas Michael (2014): Die Wahrheit beginnt zu zweit (Vortrag). In: Wildfellner, Harald (Hrsg.): Beziehungsfallen. 10 Vorträge über Liebeslust und Liebesfrust. Linz, S. 28–51.

Müller, Lutz / Müller, Anette (2003): Wörterbuch der Analytischen Psychologie. Düsseldorf

Nantke, Sabine / Streit, Uta / Jansen, Fritz (2009): Der Blick verbindet. In: Deutsche Hebammenzeitschrift, 3/2009, S. 31–34

Renz, Ulrich (2010): Paarforschung: Was die Liebe krisenfest macht. In: GEO, 7/2010, S. 68–88

Retzer, Arnold (2011): Lob der Vernunftehe: Eine Streitschrift für mehr Realismus in der Liebe. Frankfurt a. M.

Richardson, Diana (2013): Slow Sex. Zeit finden für die Liebe. München

Schlegel, Leonhard (1995): Die Transaktionale Analyse. Tübingen, Basel

Schmid, Wilhelm (2007): Glück: Alles, was Sie darüber wissen müssen, und warum es nicht das Wichtigste im Leben ist. Berlin

Schnarch, David (2013) «Nur Erwachsene haben guten Sex!» Interview mit Nina Berendonk. crucibleinstitute.de/sex-und-junge-eltern

Stern, Daniel (1998): Die Mutterschaftskonstellation. Eine vergleichende Darstellung verschiedener Formen der Mutter-Kind-Psychotherapie. Stuttgart

Thomann, Christoph / Schulz v. Thun, Friedemann (1991): Klärungshilfe. Handbuch für Therapeuten, Gesprächshelfer und Moderatoren in schwierigen Gesprächen. Reinbek

Tillmetz, Eva / Themessl, Peter (2013): Eltern werden – Partner bleiben. Ein Überlebenshandbuch für Paare mit Nachwuchs. Frankfurt a. M.

Welter-Enderlin, Rosemarie / Hildenbrand Bruno (1996 / 2004): Systemische Therapie als Begegnung. Stuttgart

Wildfellner, Harald (Hrsg.) (2014): Beziehungsfallen. 10 Vorträge über Liebeslust und Liebesfrust. Linz

Winnicott, Donald (1953): Transitional objects and transitional phenomena. In: International Journal of Psychoanalysis, 34, S. 89–97

Winnicott, Donald (1990): Babys und ihre Mütter. Stuttgart

Inserate